그 도서관은＿＿감동이었어

• 이 책에서 인명 및 지명은 외래어 표기법에 따라 표기했습니다.
 책값의 1%는 장애인의 행복한 삶을 지원하는 밀알복지재단에 기부됩니다.

일상에서 만난 예술 같은 유럽의 도서관 이야기

그 도서관은____감동이었어

신경미 지음

카모마일북스

프롤로그

도서관에서 꿈꾸는
아름다운 일상
예술로의 초대

도서관이 이렇게 멋져? 어쩜 이렇게 도서관이 이쁠까?
너무 근사하니 이건 도서관이 아니라 예술이지. 암, 예술이고 말고!

네덜란드와 인근 유럽국가의 도서관을 갈 때마다 절로 터져 나온 감탄의 말들이었습니다. 어느 도서관을 가도 그 도서관만이 보여주는 아름다움에 취해서 예술이라고 불렀습니다. 진짜 예술이다! 그러다 보니 유럽 도서관이 예술임을 인정하게 되었습니다. 단순히 건축미와 디자인의 아름다움만 보고 감동하여 예술이라고 말하는 것은 아닙니다.

우리 동네 도서관을 비롯하여 몇몇 지역사회 도서관들을 이용하다 보니 체험적으로 알게 된 네덜란드의 문화와 가치관이 머릿속에 들어오게 되었습니다. 아니 그 반대로 네덜란드의 문화와 가치관을 알게 되니 도서관에 스며든 것들이 무엇인지 보는 눈이 생겼습니다. 네덜란드인의 삶을 공유하다 보니 그들의 미의식과 일상을 소중히 살아가고 가꾸는 섬세함이 제 몸속에 알알이 박혔습니다. 제가 만났던 또 스쳤던 네덜란드인들은 매일의 일상을 아름다운 예술로 만드는 재주가 있었습니다. 그러한 재주는 하루아침에 뚝딱 쇼하면서 내보여주는 과시성 잔재주가 아니라 진득하게 삶을 살아내온 알짜배기 무기였습니다.

모든 경계에는 꽃이 핀다

함민복 시인의 〈모든 경계에는 꽃이 핀다〉는 시를 읽었습니다. "모든 경계에는 꽃이 핀다"라는 첫 구절을 대하니 숨 멎음이 찾아왔습니다. 모든 경계에 꽃이 필 수 있구나! 그 시구를 알지 못했던 시절에도 활짝 핀 꽃을 바라보고 살았구나 싶어 잠시 행복했습니다. 화훼 강국 네덜란드에서 날마다 마주하는 풍경 중 하나는 꽃이었다는 사실이 떠올랐네요. 마트에 가도 꽃, 옆집 창문에도 꽃, 문 열고 나가면 길가의 꽃, 들어가는 모든 건물마다 안에는 꽃들과 초록 식물들이 가득했습니다. 고속도로를 신나게 누비며 창밖에 펼쳐진 환상적인 튤립 꽃밭, 노랑이 넘치는 유채꽃밭. 그런 만개한 꽃은 건축의 나라 네덜란드에서 줄곧 볼 수 있었습니다.

　17세기 건물인지 집인지 모르겠는 은행, 도서관인지 공장인지 알 수 없는 건물, 과거 호텔이었는지 감옥이었는지 구분이 안 되는 근사한 건물, 꽃집인지 서점인지 모를 상점, 미술관인지 데코샵인지 헷갈리는 박물관, 식당인지 디자인샵인지 애매한 가게. 그곳들은 이질적인 것들이 묘하게 어울려 새로운 느낌을 만들어 내는 공간들이었습니다. 경계가 허물어진 곳에서 또는 경계가 중첩된 곳에서 확장된 애매모호함을 담보로 한 신비하고 신박한 공간이었습니다. 갈 때마다 설렘이 있었고 또 오고 싶다는 마음이 생기는 곳이었습니다. 아마도 거기서만 맡을 수 있는 꽃향기가 있었기 때문인 것 같습니다.

　유럽의 유명 도시에 방문하여 랜드마크를 보게 되면 사진을 찍었습니다. 딸들을 모델 삼아 이런 모양 저런 모양 사진을 찍었습니다. 소위 말하는 무조건 봐야 하는 세계 건축물이 눈앞에 있으면 역시나 무조건 사진을 마구 찍었습니다. 그러다 보니 알게 되었습니다. 그동안 건축의 아름다움을 잘 모르고 살았구나. 아름다움이 주는 기쁨과 만족을 뒤로한 채 바쁘게만 찌들 찌들 하게 살았구나. 아기자기하고 특색이 있고 가지각색 모양으로 만들어진 수많은 물건들을 보며 탐심이 생기기도 했습니다. 이웃들의 집에 꾸며진 장식품들을 보며 부러워하기도 했습니다. 멋진 건물의 겉과 속에서 뿜어져 나오는 아름다움에 반하고 곱게 디자인되어 세상에 선보인 수많은 제품들을 보며 깜찍한 소유욕을 가지게 되었습니다.

　건축과 디자인의 힘이 무엇인지 비로소 알아가게 되었네요. 행복감을 누리게 만드는 공간의 중요성을 절절히 깨닫게 되었네요. 일상의 힘겨운 얼룩들을 지우고 수정할 수 있는 아름다움에 대한 감상의 시간이 오늘을 살아가는 일상을 더욱더 아름답게 만들 수 있다는 것도요.

17세기 네덜란드 회화들을 감상하면서

17세기 네덜란드 미술 작품들을 많이 감상했습니다. 황송하게도 네덜란드와 인근 유럽 국가의 미술관에 걸린 네덜란드 화가들의 그림을 직접 볼 수 있는 기회가 많았습니다. 말로만 듣고 교과서에서만 보던 명화를 눈앞에서 보는 신기함을 넘어 그 작품 속에 뭉근히 녹여진 네덜란드인들의 숨결을 같이 더듬을 수 있었습니다.

네덜란드 회화에 유독 풍경화나 정물화, 장르화가 많습니다. 이는 현실 지향적인 그들의 가치관이 회화 속에 드러난 것이며 그동안 중세 로마 가톨릭과 기독교 중심의 미술에서 벗어난 일대 혁명과도 같은 것이었습니다. 이 시대 예술가들은 이전에 왕이나 교황과 권력가들 편에 서서 활동하던 것에 과감히 비켜나 자연과 현실을 기반으로 한 작품을 그렸습니다. 그 결과 일반 대중과 시민들은 요원하기만 했던 예술을 더욱더 친근해지고 가까운 일상에서 향유할 수 있었습니다.

문화사상가이자 미학자인 츠베탕 토도로프Tzvetan Todorov는 17세기 초 네덜란드에서 일어난 일대 사건이 바로 예술가들이 일상 세계로 눈을 돌리며 일상의 아름다움을 예찬하게 된 것이라고 그의 책《일상 예찬》에서 간명하게 서술합니다.

　무역업이 발달하면서 경제활동이 활발해지자 삶 가운데 여유를 가진 시민들 사이에서 자의식이 자라납니다. 주변국 사이에서 일찌감치 관용의 정치를 하던 네덜란드인은 비교적 개방적인 사고방식을 가지고 사는 것에 속도를 냈습니다. 서구 역사 전체를 아우르는 이원론적 세계관을 거부하고 현실 세계를 예찬하는 사고방식이 자리 잡게 됩니다. 이는 예술 세계에서 잘 나타났습니다. 현실 세계를 이루는 작은 부분들 하나하나가 회화의 소재가 될 만큼 충분히 아름답다는 자각을 하게 되었습니다. 프란스 할스, 렘브란트, 베르메르, 얀 스텐과 피테르 드 호흐와 같은 걸출한 화가들의 장르화 작품 속에 뭉근히 녹아든 일상 예찬의 시도들은 후대 화가인, 우리가 너무 잘 아는 빈센트 반 고흐의 작품에서도 고스란히 나타납니다. 반 고흐는 지독하리만치 자신의 내면을 깊게 바라보고 탐구하고 매달려 삶의 본질을 자신만의 색채와 결로 표현했습니다. 반 고흐의 수많은 작품과 동생 테오와 주고받은 다량의 편지를 보면 익히 알 수 있는 사실입니다. 그는 이상과 신적 세계가 현실에 뿌리박은 사람들의 평범한 삶을 그려낸 위대한 화가였습니다.

　네덜란드 화가들은 일상생활이라는 무한히 다양한 세계, 평범한 사람들의 평범한 생활이 바로 매일 감탄하고 감동해야 하는 대상임을 미술작품을 통해 알려주었습니다. 가장 친숙하고 소소한 공간에서 만나는 삶의 본질과 진실, 일상의 아름다움을 통해 세상을 바라보는 법을 알려준 17세기 화가들의 선구자적 시도가 면면히 이어져 네덜란드 곳곳에 일상을 아름답게 만들고 향유하도록 돕는 거대한 사회적 인프라를 이루어갑니다.

아름다움이란 매일 반복되는 우리네 일상의 소박한 행동 속에 숨어있습니다. 세상에 없던 아름다움을 새로 만들어 내는 것이 아니라 존재했던 아름다움을 가치 있게 발견하는 것이고 그 아름다움을 가꾸고 유지하도록 유기적으로 도와주는 연결망으로서의 어떤 체계들이 있습니다. 그것을 우리는 사회적 인프라라고 부릅니다.

도서관은 가장 강력한 사회적 인프라입니다. 그들은 도서관을 그냥 짓지 않았습니다. 하나의 랜드마크를 만들기 위해서가 아니라, 업적을 만들어 내기 위함이 아니라 오늘을 살아가는 시민 한 사람 한 사람의 삶을 아름답게 만들어 내는 행복한 공간을 짓는 것이었습니다.

유럽 도서관은 예술입니다

일상에 들어온 예술 같은 도서관 여행이 즐겁고 행복했습니다.

1부에서는 무너진, 혹은 사라지고 망가진 건물에서 어떻게 새 생명이 움트는지를 보여주는 재생 건축물로서의 도서관을 탐색합니다. 믹스매치mix&match의 비상한 효과를 알고 있는 그들이 낯선 익숙함과 익숙한 낯섦을 어떻게 건축으로 기묘하게 표현하는지 함께 느낄 수 있을 것입니다.

2부에서는 공간의 위대한 힘과 기능을 경험할 수 있는 도서관을 여행하면서 적절한 삶의 질문을 던져볼 수 있습니다. 행복한 공간은 어디인가? 공간 디자인의 목적은 무엇인가? 도서관을 두리번두리번 거닐다 보면 누가 그 공간의 주인인가라는 기본 질문을 던지게 됩니다. 동시에 일상에서 심미안을 가지고 살아가는 비법을 터득할 수 있는 배움터로서의 아름다운 도서관을 만나보실 수 있습니다. 그 배움이 이루어지는 동안 '공간이란 소통과 공감을 통해 통찰이 이루어지고 이전과 다른 창조적 영감이 이루어지는 공감의 장소다'라고 언급한 유영만 교수의 생각에 동의할 수 있을 것입니다.

3부에서는 뉴욕대학교 사회학자 에릭 클라이넨버그Eric Klinenberg가 역설한 불평등과 고립을 넘어서는 연결망의 힘이 구체적으로 도서관에 어떻게 적용되었는지 살짝 엿볼 수 있습니다. 그는 민주사회의 미래는 공동이 모이는 장소, 즉 필수적인 인간관계가 형성되는 장소를 바탕으로 세워진다고 보았습니다. 사람들이 즐거움을 누리기 위해 찾아간 그곳에 머물면서 집단 간 경계가 확장됩니다. 직접 서로 얼굴을 마주하며 꾸준히 만나고 교류할 때 공동체성이 회복되고 유대관계가 형성됩니다.

네덜란드에서 이방인으로 살아가던 제가 잠시 머물기만 해도 황홀했던 아름다운 도서관에서 작은 행복감을 누렸고 필요한 복지혜택을 받으며 소소한 소속감을 느끼기도 했습니다. 네덜란드 언어를 배우고 평생교육 프로그램을 이용하고 각종 전시나 문화공연을 관람하거나 참여하고 독서 교육 프로그램을 기웃거리고 강연을 듣는 등 질 좋은 교육적·문화적·사회적 인프라를 마음껏 누릴 수 있는

것이 특권이 아니라 일상이었다는 사실이 그저 지금 생각해보니 놀라운 것이었습니다.

네덜란드의 도서관은 도서관 그 이상이었습니다. 복합 문화공간이기도 하고, 사람들이 모이는 사랑방이기도 하고, 도시의 거실이며 무한한 배움과 즐길 거리가 넘치는 화수분이었습니다. 애초 도서관이 어떤 공간이었나를 자연스럽게 되묻게 되는 공간이었습니다.

경계의 모호성은 쌍방향 확장이라고들 합니다. 여기서 모호성은 아리송함이 아닌 경계의 확장인 동시에 상호 확장된 것이라고 건축학자들은 말합니다. 수직적 사고가 아닌 수평적 사고가 이루어지는 곳입니다. 그러기에 여기에서 경계는 대립적이면서도 동시에 새로운 만남이 꽃처럼 피어나는 접점입니다.

경계를 넘나드는 꽃이 되고 싶습니다. 꽃이 주는 아름다움. 일상에 숨겨진 아름다움을 조우하고 누리며 매일의 삶을 아름답게 만드는 예술가처럼 살도록 만들어주는 행복한 공간. 바로 그 도서관으로 함께 여행하기를 두 손 모아 이 책을 대하는 당신에게 손 내밀어 봅니다.

덧말

사랑하는 우리나라에 참 좋은 출판문화를 만들기 위해 평생 애쓰고 계시는 정윤희 대표님과 한 글자 한 글자 정성으로 편집해 주신 윤재연 에디터님, 네덜란드 도서관처럼 멋지게 책을 꾸며주신 디자인 팀장님, 그리고 예쁜 일러스트를 그려주신(밀알학교에서 오랜 세월 우정과 믿음을 나눈 벗이자 동료인) 서은선 선생님께 감사드립니다. 그리고 내 삶의 이유이자 삶을 지속시키는 동기를 끊임없이 주는 내 생명보다 소중한 딸들 주홍이, 예홍이, 수홍이, 은혜 그리고 남편, 하늘에서 흐뭇하게 지켜보고 계실 내 아버지, 여전히 지금도 날 사랑해주시는 어머니, 어려울 때마다 함께 해준 두 남동생과 그 가족들, 늘 묵묵히 옆에서 지원해 주시고 사랑을 베풀어 주시는 어머님, 아버님께 다시 한 번 고개 숙여 감사 인사드립니다.

2021년 9월 신경미

차 례

프롤로그 도서관에서 꿈꾸는 아름다운 일상 예술로의 초대 **004**

Part 1
폐허 위에서 꽃을 피운 도서관

- 01 고즈넉한 마을에 화려한 명소가 된 북마운틴 도서관 **019**
- 02 2018년 세계 최고 공공도서관으로 선정된 스쿨7 도서관 **027**
- 03 초콜렛공장의 지적인 변신! 하우다 공공도서관 **050**
- 04 문화유산 가득한 옛도시에서 최신 시스템을 적용한
  뷔르츠부르크 시립도서관 **070**
- 05 용광로를 도서관으로 변화시킨 DOK 중앙도서관 **087**
- 06 감옥이 도서관으로, 깊은 사색을 이끄는 레이우아르던 도서관 **106**

Part 2
일상을 예술처럼 살게 하는 도서관

- 01 텅 빈 공간 속 창의성을 심어 놓은 에임란트 도서관 **137**
- 02 복합문화공간의 효시 로테르담 도서관 **158**
- 03 호텔보다 더 호텔 같은 알메러 신 공공도서관 **184**
- 04 공공예술로서의 슈투트가르트 시립도서관 **199**
- 05 지식백화점이라는 새로운 공간을 만들어낸 렐리스타트 도서관 **223**
- 06 건축의 힘을 믿으세요! 오스카 니마이어 도서관이 속삭이다 **239**

Part 3
누구나 들어오면 행복해지는 도서관

01 어린이들의 꿈을 이루어준 헤이르휘호바르트 도서관 **263**
   \# 어린이들이 행복한 도서관 **282**
      파리 비블리오 루도데크 어린이 도서관 · 쾰른 시립도서관 · 호른 시립도서관
02 엄마들이 행복한 코다 도서관 **300**
03 여행자들까지도 행복한 퐁피두센터 도서관 **314**
04 친환경주의자들이 아끼는 스키담 도서관 **321**

부록
모두가 좋아하는 책 여행지

01 동화가도 **343**
02 미피박물관 **366**
03 디킨스 축제 **383**
04 에프텔링 동화의 숲 **394**

참고한 자료들 **408**

Part 1

폐허 위에서 꽃을 피운 도서관

library

01

고즈넉한 마을에 화려한 명소가 된 북마운틴 도서관

우리 함께 책으로 쌓은 산에 올라가 볼까?

영혼의 시약소

영혼의 진료소

영혼의 요양소

영혼을 위한 약방

고대 이집트의 테베에 있는 도서관에는 위와 같은 글이 쓰여 있다. 기원전 1300년경 이집트의 왕 람세스 2세가 자신의 궁전에 있

실제로 안이 밖이고 밖이 안이라는 개념을 가지고 있는 북마운틴 도서관은
네덜란드의 유명 디자인 그룹 MVRDV에서 설계한 작품이다.

는 도서관 앞에 붙여놓은 팻말이다. 이 글이 무슨 뜻인지 아이들은 이해할 수 있을까? 왜 도서관에 영혼이란 글을 붙였을까? 왜 치료, 치유의 의미를 도서관에 부여했을까.

딸들과 함께 네덜란드 로테르담^{Rotterdam} 남단의 스페이케니서 Spijkenisse라는 작고 조용한 마을에 새로운 명소가 된 도서관을 찾아갔다. 원래는 아침 일찍 도서관에 가서 하루 종일 책을 보며 놀다 오려고 했다. 하지만 출발이 늦어지는 바람에 예상보다 시간이 부족했다. 아이들은 아주 아쉬워하며 다음에 또 오자고 거듭 이야기를 했다.

고즈넉한 분위기의 중세 빛 마을 속에 자리 잡은 휘황찬란한 유리 피라미드로 된 북마운틴 도서관은 이 동네 문화의 메카로 자리매김 되어간다. 처음 북마운틴 도서관 건물을 보았을 때, 루브르 박물관 앞의 유리 피라미드를 보는 듯 했다. 그리고 네덜란드에서 종종 볼 수 있는 마구간, 외양간 같은 삼각지붕의 거대 유리창을 가진 집이다.

실제로 안이 밖이고 밖이 안이라는 개념을 가지고 있는 이 건물은 네덜란드의 유명 디자인 그룹 MVRDV에서 설계한 야심찬 작품이라고 한다. 안의 모습을 그대로 다 드러내는 유리벽, 피라미드처럼 쌓아 올린 책더미와 같은 개념으로 만든 북마운틴^{Boekenberg –네덜란드어로 '책더미' 즉 책으로 쌓은 산; book mountain}이다. 도서관 건물은 5층 정도의 높이다. 건물 안으로 들어서면 한 층 한 층 특색 있게 분류된 책들이 책장에 꽂혀 있다.

영유아들을 위한 북스타트 프로그램
헝겊책, 영유아용 CD, 유아용 그림책과 핸드퍼펫

아이들이 흥분하며 좋아한 어린이책 코너와 한 층 한 층 올라갈 때마다 보이는 아래층 전망과 위층의 마을 전망은 말로 표현할 수 없을 정도로 훌륭하다. 꼭대기 층에 있는 카페에는 디자인이 멋진 안락의자가 있고, 각종 잡지들이 꽂혀있다. 창밖에는 교회를 비롯한 주변 건물과 돌바닥 길이 보인다.

이 동네 사람들이 그렇게 부러울 수가 없다. 고즈넉한 마을 속 근사한 북마운틴 도서관에는 아이들부터 할아버지, 할머니까지 모두 여유롭게 책을 읽는다. 평계 같지만 딸들을 만난 이후 낑낑대고 부

도서관에서 바라본 마을 전망.

고즈넉한 마을 속 근사한 북마운틴 도서관에는 아이들부터 할아버지, 할머니까지 모두 여유롭게 책을 읽는다.

대끼며 살아오면서 도서관은 찾아가기 힘든 아득한 곳으로 바뀌어 가고 있었다. 오가다 멋진 이곳에서 책도 읽고, 음악도 듣고, 영화도 감상하고, 마을 사람들이 그린 그림도 자세히 들여다보고, 차도 마시면서 보내는 일상이 요원한 꿈처럼 보이는 것이 미련한 착각이었으면 좋겠다.

도서관은 영혼의 쉼터라는 생각이 든다. 손에 잡히는 대로 책을 대하다 보면 가슴에 멍울졌던 푸른 기억도 사라질 것 같다. 읽지 못한 새로운 책들 앞에서 자신의 지적 공허함을 깨닫고 겸손하게 책을 꺼내보는 연습도 할 수 있겠다. 찌든 삶을 무겁게 어깨에 메고 들어온 피곤한 이들은 유아책 코너에서 도담도담 즐거이 책을 가지고 노는 아이들을 바라보며 생기발랄한 순진무구함의 약을 처방받는 기분 좋은 시간을 보낼 것 같다. 북미운틴 도서관은 꿈의 도서관이다.

사랑하는 딸들아!

한 국가의 과거를 보려면 박물관에 가고, 현재를 보려면 시장에 가고, 미래를 보려면 도서관에 가보라. 때로 도서관 대신 '학교'라는 말로 대치되어 오랜 세월 동안 식상하리만치 회자된 문장들이다. 디자인 강국인 네덜란드의 감각이 도서관 여기저기 묻어나있다. 하나같이 도서관 의자들이 예사롭지 않다.

엄마가 너희들과 함께 박물관, 시장, 도서관에 다니는 이유 중 하나는 아마도 과거부터 현재, 미래까지 관통하는 어떠한 흐름을 파악하는 힘을 길러주기 위해서란다. 이는 어느 한 순간에 이루어지는 통찰이 아니다. 사색하는 힘이 뒷받침되어야 한다. 그리고 사람을 향한 세상을 향한 사랑이 밑거름으로 자리 잡아야 제대로 된 통찰력을 얻을 수 있을 것이다.

그러기 위해서는 먼저 너희들 스스로를 값진 존재로 여기고 건강하게 자신을 사랑하며 살아가야 한다. 엄마는 도서관에서 먼저 영혼의 처방을 받은 사람이기에 언제 어떤 처방을 받아야 하는지, 어떤 경우에 미리 예방을 해야 하는지 어렴풋이 알고 있단다. 물론 엄마와 너희들 개개인과는 또 다르겠지만, 스스로 영혼의 섬을 얻을 수 있을 때까지 너희들 옆에 있어줄게. 친절한 사서로!

02

2018년 세계 최고 공공도서관으로 선정된 스쿨7 도서관

폐교된 학교가 도서관으로 재생되어 '도시의 거실'로

어떤 음악이나 노래를 들으면 생각나는 사람이 있다. 어떤 곳에 가면 절로 떠오르는 이야기가 있다. 어떤 향을 맡을 때마다 머릿속에 그려지는 풍경이 있다. 어떤 말을 들으면 솟구쳐 오는 감정이 있다. 어떤 것을 보면 당장 떠나고 싶어진다. 어떤 음식(음료)을 먹으면 부여잡고 싶은 과거부터 지금까지 행복한 기억이 떠오른다. 음악, 장소, 노래, 문장, 음식… 이들은 모두 기억을 불러내는 일상 속 시간 여행의 촉매제이자 매개체이다.

2018년 세계 최고 공공도서관으로 선정된 스쿨7 도서관 전경

누군가 톡 건드려주면 기억 저장소에서 옴팡지게 터져 나오는 좋았던 때론 힘들었던 기억조차 추억으로 포장되어 나오는 인생의 조각들이 있다. 알게 모르게 자신의 인생에서 조건반사로 시작하여 무조건반사로 변이 되어 자리 잡은 굵직한 자기 삶의 나이테들이다. 그 나이테를 잘 보존하고 가꾸는 것이 존재의 이유이자 보람일 수도 있겠다. 이러한 사람들의 은밀한 뇌 습관이 아름다운 재생 건축물 upcycling architecture 로 펼쳐진 작품이 있다.

덴 헬더르 Den Helder 는 거의 네덜란드 최북단에 위치한다. 자연 그대로의 모습을 담은 세계 최대 습지가 있는 깨끗한 섬 텍셀 Texel 로 들어가는 배를 타는 선착장이 있는 도시이자 주요 해군기지가 있

국제도서관협회연맹의 스쿨7 도서관에 대한 감탄의 말들

- 도시의 거실
- 역사적인 요소를 갖춘 오래되고 정적인 학교 건물이 현대 도서관으로 변신
- 주변 환경 및 지역 문화와 상호작용을 하는 소통 공간
- 도시와 항구를 이어주는 디딤돌
- 개방적 디자인, 기능적인 공간
- 어린이, 성인, 노인, 이민자 등의 다양한 이용자층이 도서관을 집으로 느낌
- 일하고, 읽고, 강의를 듣고, 워크숍에 참여하고, 언어를 배우고, 신문을 보고, 커피를 마시고, 자원봉사자들이 활발하게 움직이는 다양한 활동을 하는 제3의 장소
- 아름다운 빛이 들어오는 아름다운 건물
- 결혼식 장소, 생일파티장, 카페로서의 도서관
- 방대하고 훌륭한 장서 보유
- 지역사회(지역주택협회 등)와의 협력
- 기차역과 대형주차장이 모두 도보 거리에 위치
- 현지 역사와 계보, 도시 영웅들의 자료와 영상, 영화 자료 수집 및 보존
- 항구와 해양테마파크가 보이는 커다란 창이 있는 전망 좋은 곳

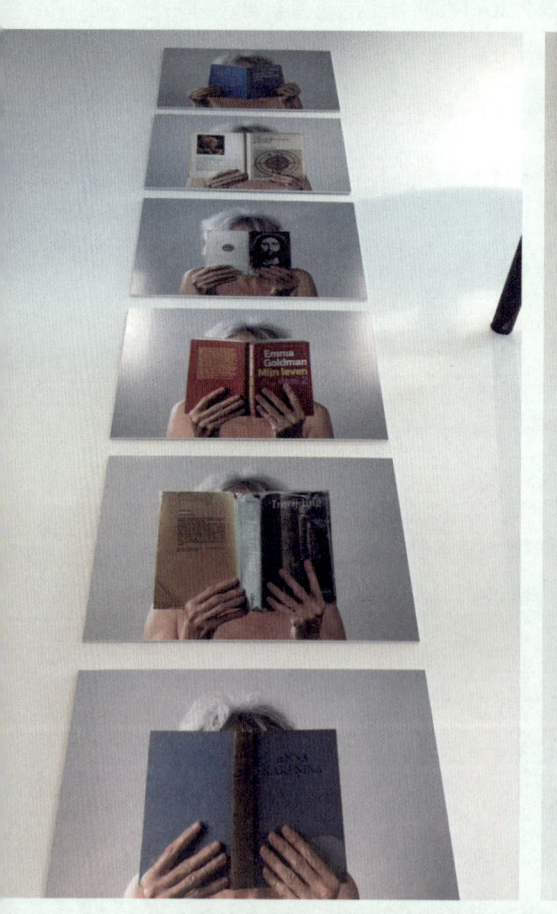
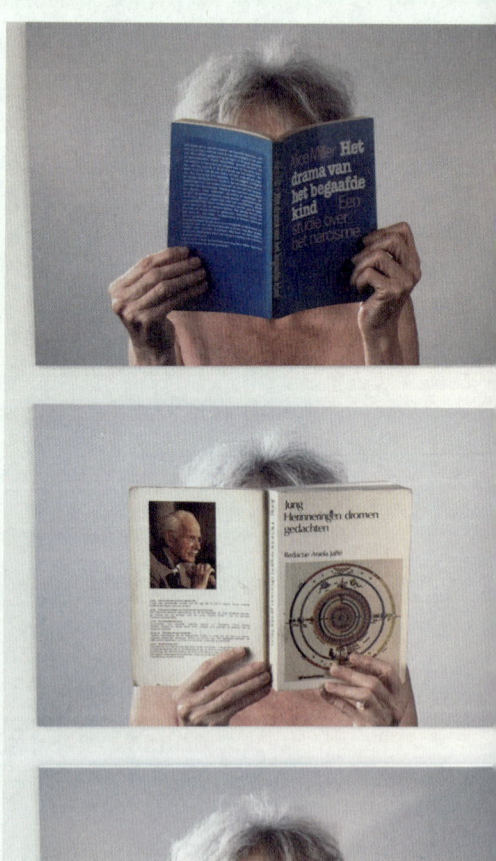

한 사진작가가 기증한 도서관 1층에서 3층까지 길게 이어진 벽면 사진작품.

는 항구도시다. 이곳 지역주민들의 온고지신溫故知新 놀이터이자 '도시의 거실'로 자리매김된 스쿨7SCHOOL 7 도서관에 얽힌 추억을 따라가 본다.

2018년 8월 30일 쿠알라룸푸르에서 열린 국제도서관협회연맹International Federation of Library Associations and Institutions, IFLA 총회에서 네덜란드 덴 헬더르에 소재한 스쿨7 도서관을 2018년 올해의 최고 공공도서관으로 공표하였다. 스쿨7 도서관은 평생토록 기쁘게 간직할 어마어마한 추억거리를 선물 받은 셈이다. 19개 국의 35개 도서관 중 최종 후보로 오른 다섯 곳 중에서 2018년 올해의 도서관으로 스쿨7 도서관을 선정했다. 새롭게 건축되거나 이전에 도서관이 아니었던 건물을 도시재생으로 새롭게 탄생한 도서관 중에서 최고에게 수여하는 영예로운 상이다.

국제도서관협회 연맹에서는 스쿨7 도서관이 새롭고 혁신적이며 진취적이라는 최고의 호평을 했다. 이는 2017년에 올해의 최고 도서관으로 먼저 선정한 네덜란드의 안목을 인정하는 것이자 그 평가를 뛰어넘는 감탄이라고 볼 수 있다. 100년 이상된 학교 건물을 폐교하지 않고 도시재생사업 일환으로 지역주택협회와 협치하여 도서관을 세우면서 마주한 기쁜 순간들의 연속이다. 그러나 스쿨7 도서관의 전직 신분은 폐교된 학교였을 뿐이다. 그 학교 졸업생들은 이 앞을 지나칠 때마다 새하얀 머리카락 속에 쓸쓸한 감상을 숨겼을지도 모른다. 그러한 아쉬움을 달래려는 움직임이었을까?

1905년 이곳 덴 헬더르의 베스트스트라트Weststraat에 한 초등학교가 세워졌다. 이후 초등학교는 여러 모양새를 갖추게 된다. 중간에

르호봇이라는 기독교 학교로 바뀌었다가 이후에 해상 학교로도 변신했다. 1956년 스쿨7에 다니던 마지막 학생들은 쏘르베크Thorbeck 학교로 옮겨 수업을 받게 된다. 1960년대에 이르러 학교는 서서히 조정 절차를 밟게 되고 문을 닫는 상황까지 이르렀다. 1970년대 말에 시청에서 학교 건물을 철거하려고 하기까지 이 학교 건물은 클럽으로도 사용되었고 예술가들의 스튜디오로도 쓰였다.

시의회에서 학교 건물을 철거하려고 하자 지역주민들은 반발했다. 6만 굴덴(당시 네덜란드 화폐 단위) 예산으로 건물을 보수하기 위해 노력했다. 이들은 이 건물을 영구적으로 사용하고 싶어 했다. 이후 학교는 영화관으로 사용되다가 덴 헬더르 시에서 2012년 학교 건물을 매입한다. 그리고 도서관으로 전환하는 대대적인 사업을 펼친다.

새로운 스쿨7 도서관이 탄생한 것이다. 이들은 오래된 학교의 모습을 보존하면서도 공공도서관이 갖추어야 할 요소를 건물 속에 구현해 낸다. 두 건축가와 디자이너는 한 아름다운 영상에 매료된다. 그 영상은 일생동안 책을 돌보다가 인생 말년에 책들의 돌봄을 받게 되는 감동적인 영화 〈모리스 레스모어의 환상적인 날아다니는 책〉이다. 여기서 영감을 얻은 이들은 도서관을 새롭게 디자인하여 짓는다. 그들에겐 도서관은 더 이상 책만 빌리는 장소가 아니다. 도서관은 새로온 사람들을 위한 언어 카페이자 나이 든 사람들이 태블릿PC를 들고 마실 나올 수 있는 곳이어야 한다고 생각한다. 그래서였을까? 학교의 옛 건물과 새롭게 이어 건축한 건물은 복도와 계단으로 연결되어 있다. 1층 로비는 그야말로 전망 좋은 거실이다. 항구와 해양테마파크, 영화관이 보이는 길목에 위치하기에 더욱 그렇다.

운하를 가로질러 가면 길모퉁이에 떡하니 'SCHOOL7'이라는 글자가 박힌 벽돌색 건물을 마주하게 된다.
그리고 바닥에는 그림이 그려져 있다.

기억 속으로 사라진 학교를 유쾌하게 우아하게 불러내다

원래 덴 헬더르는 해양조선소가 있던 전략적인 항구도시였다. 주요 해군기지가 있으며 방어선과 요새가 들어서기에 좋은 입지를 갖춘 곳이다. 텍셀 섬으로 들어가기 위한 내륙의 끝이다. 일찍이 1811년 보나파르트 나폴레옹이 네덜란드의 최북단 도시에 시찰하러 방문했을 때 덴 헬더르를 항구로서의 가치가 있음을 알고 개발을 지시하였다. 영국과 러시아를 견제하기 좋은 위치였기에 북방의 지브롤터를 구축하여 난공불락의 요새를 만들고자 함이었다. 그런데 1812년에 나폴레옹이 실각하게 되면서 네덜란드가 해방되었고 이 계획은 수포로 돌아갈 뻔했으나, 훗날 오라녜 공 빌럼 1세Willem 1, Prince of Orange가 그 계획을 실행에 옮겼다. 오라녜 공의 명에 따라 특별한 건축과 공간 디자인으로 설계한 이곳에는 중앙 도크와 방사상 구조의 창고와 작업장, 건선거가 남아있고 여기에 노동자를 위한 주택들이 군락을 형성하여 만들어진 단지가 지금의 국립 조선소 빌럼스오르트Willemsoord이다. 오늘날의 복합단지와 같다. 박물관, 역사 전시관, 체험관 등이 서로 연결되어 있다. 역사의 산물에 사람들의 노력이 더해져 지금의 문화 중심지가 됐다. 도시 재생 프로젝트의 멋진 성공작이다.

학교가 폐교의 위기에 처할 때 지역주택협회가 협치할 수 있었던 배경적 사건들이 있다. 빌럼스오르트로 변모·발전되기 전 해양조선소와 해군기지가 사라지면서 많은 실업자들이 생긴 당시 상황을 살펴보아야 한다. 스쿨7 도서관으로 재건하면서 그들의 일자리

가 어느 정도 보장이 되고 과거 해양기지는 새로운 해양테마파크로 형성되면서 지역의 경제활동이 활성화되었다. 서로 상생할 수 있는 방법을 찾은 것이다. 그러기에 스쿨7 도서관 창문에서 이 일대를 바라보며 조망하는 것 자체가 감격스러운 사건이 될 수 있기에 충분하다.

세월의 흔적으로 깎여진 건물이 다시 도서관으로 태어났다는 것은 주민들의 역사적인 긍지를 높여주는 데 큰 도움이 되었을 것이다. 그래서 도서관에는 작은 영웅들의 이야기가 보관되어 있다. 그리고 2017년, 2018년 연속으로 큰상을 받은 것은 지난한 과거에 대한 큰 보상이다.

도서관 곳곳마다 아름다움이 흘러넘친다. 운하를 가로질러 가면 길모퉁이에 떡하니 'SCHOOL 7'이라는 글자가 박힌 벽돌색 건물을 마주하게 된다. 그리고 바닥에는 그림이 그려져 있다. 나와 셋째 딸, 막내딸은 도서관에 들어가기 전부터 이 그림 앞에서 한동안 놀았다. 운하를 가로지르는 다리 위에 그려진 그림이다. 근경을 앞세운 원경이 펼쳐지는 운하를 배경으로 사진도 찍고 나룻배가 그려진 길바닥 그림 위에서 수다를 떨기도 했다. 도서관으로 들어가기까지의 시간을 즐긴다.

로비에 들어서자 독특한 반개방 공간을 보고 그저 "멋있다"라는 감탄사만 내뱉었다. 빨리 가서 그 공간을 구경하고 싶은 마음이 크게 작용하는 만큼 뒤로 내빼서 천천히 조심스럽게 다가가고 싶은 역작용이 동시에 이루어지는 그 흥분감을 무엇이라 표현해야 할까.

도서관 로비에서 2층으로 이어지는 공간을 '로미오와 줄리엣 발코니'라고 부른다. 도서관에서 결혼을 하는 신랑, 신부가 웨딩촬영을 하거나 결혼식을 할 때 이 계단에서 신랑이 로미오가 되어 신부 줄리엣에게 세레나데를 부르는 특별한 공간이다. 계단 벽면에는 산뜻한 책꽂이가 있어 운치 있는 책 벽장이 된다. 계단을 끝까지 오르

도서관 로비에서 2층으로 이어지는 공간을 '로미오와 줄리엣' 발코니라고 부른다.

면 조각품 같은 조명이 있다. 일 층부터 은은하게 비추던 빛의 근원지가 '이것이구나!' 하고 인정하게 된다. 더 올라가면 차를 마실 수 있는 공간이 나온다. 도서관이 아니라 앤틱 카페다. 이곳에서 차 한 잔 마시며 도서관의 전망을 내려다보는 것도 상당히 분위기 있을 것 같다. 정사각형 모양의 구조로 이루어진 도서관 꼭대기층은 계단 끝에서 오른쪽으로 가든지 왼쪽으로 가든지 어느 곳에서 출발하든 한 바퀴 둘러보면 어느새 도서관 일주를 하게 된다.

1층부터 3층까지 통째로 이어진 벽면에는 할아버지가 책을 읽는 사진 작품이 세로로 띠벽지처럼 부착되어 있다. 첫인상이 무척 신선했다. 참 대단한 작품이다 싶었는데 과연 그랬다. 한 사진작가가 기증한 작품으로 백발의 노인이 들고 있는 하나하나의 책들은 누군가 각자 인생에 깊은 감동을 안겨 주었던 소중한 '인생책'이었던 것이다.

2층, 3층에는 다양한 공간이 있다. 문학, 과학, 비소설, 예술 등 다양한 장르의 책들이 꽂혀 있다. 아이들이 한 명씩 들어가서 책을 볼 수 있는 공간이 마련돼 있다. 태블릿을 하며 시간을 보낼 수 있는 공간도 있다. 이 작은 공간들을 보고 별생각 없이 아이들을 위해 이러한 공간을 마련했구나 싶었다. 왜냐하면 아이들은 구석진 자기만의 공간을 가지고 싶어 하기 때문에 영리한 디자이너가 이렇게 공간을 만들어냈다고 생각했다. 그런데 우리 아이들이 대번에 "저거 화장실이잖아" 그런다. 아이들은 직관적으로 그 공간이 본래 무엇이었는지 알아차린다. 그리고 커다란 쿠션 위에 철퍼덕 앉아서 뒹굴거리기도 하고 옆 칸으로 옮겨서 태블릿으로 게임을 하기도 한다. 그러다가 그 옆 칸에 가서 퍼즐을 맞추기도 한다.

공간의 재탄생이다. 아이들이 재생건축의 의미를 몸으로 체득하는 훌륭한 공간이다. 과거 복도였을 공간은 뛰어난 인테리어 덕분에 마법의 옷장이 되기도 하고 작품을 전시하는 전시공간이 되기도 한다. 백 년 전에 이 공간의 용도는 무엇이었을까, 라고 절로 질문을 하게 된다. 하지만 정답을 맞혀야 할 의무도 없고 정답을 찾는 과정에서 또 다른 기발한 생각이 꼬리를 물게 되니 마치 나도 모리스 레스모어와 같이 책 비행을 하고 있는 것 같다는 재밌는 상상을 하게 된다.

스쿨7 도서관에서는 어린이책 코너가 제일 흥미롭다. 뜬금없이 보이는 LP와 전축들이 책장 중간 중간에 무심하게 놓여 있다. 여느 어린이책 코너처럼 러그가 깔려 있으며 장난감이 있다. 아이들이

오르내리도록 만든 작은 계단 때문에 구석진 이 공간은 복층으로 된 책방이 되어버린다. 계단을 오르내릴 때마다 음악 소리가 난다. 계단 피아노인 셈이다. 통영의 서피랑 마을에 설치되어 있는 피아노 계단처럼 한 계단 한 계단 오르내릴 때마다 들리는 동물 소리, 자연 소리, 음악소리는 아이들이 정말 좋아할 것 같다. 음악이 흘러나오는 구멍 옆에는 흘러나오는 소리의 내용이 담긴 책이 있다. 자연

계단을 오르내릴 때마다 음악소리가 난다.
음악이 흘러나오는 구멍 옆에는 흘러나오는 소리의 내용이 담긴 책이 있다.

스럽게 아이들은 통합적인 독서를 할 수 있다.

 위층으로 올라가면 전망 좋은 거실 같은 공간이 나타난다. 멍 때리고 싶을 때마다 오고 싶도록 꾸며 놓았다. 벽면 가득한 창밖으로 펼쳐진 마을과 너머의 항구 모습을 바라본다. 때마침 빗방울이 뚝뚝 떨어지니 제대로 감성에 젖는다. 방금 전까지 맑은 하늘이었는데.

 스쿨7 도서관의 모토인 '도시의 거실'처럼 음향기기와 분위기 있는 인테리어, 사색하기 좋은 분위기의 흔들의자, 아늑한 분위기를 만들어 주는 조명, 그리고 햇빛이 마음껏 들어올 수 있는 커다란 창문이 있다. 그 옛날 백작부인의 품위를 가지고 차 한 잔 마시며 안락한 소파에 앉아 창밖을 바라보는 것이 너무나 어울릴 것 같은 풍경

과거 화장실로 쓰였던 공간은 아이들이 한 명씩 들어가서 책을 볼 수 있는 공간으로 재탄생했다.

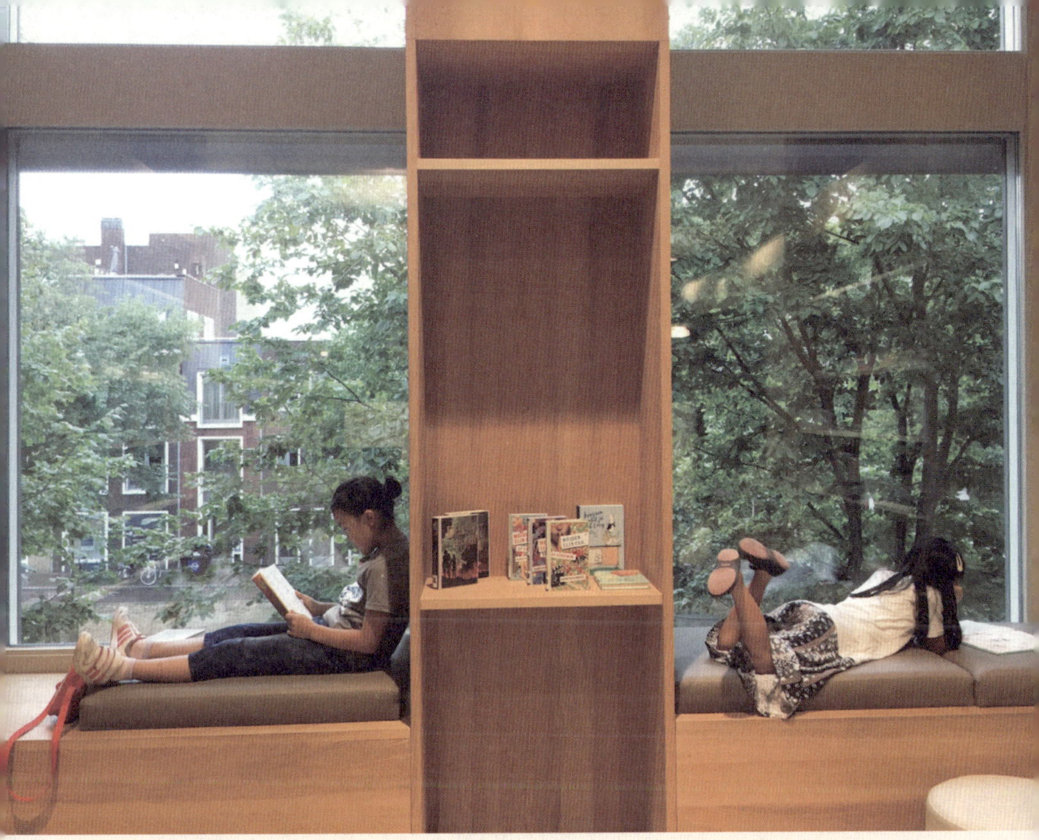

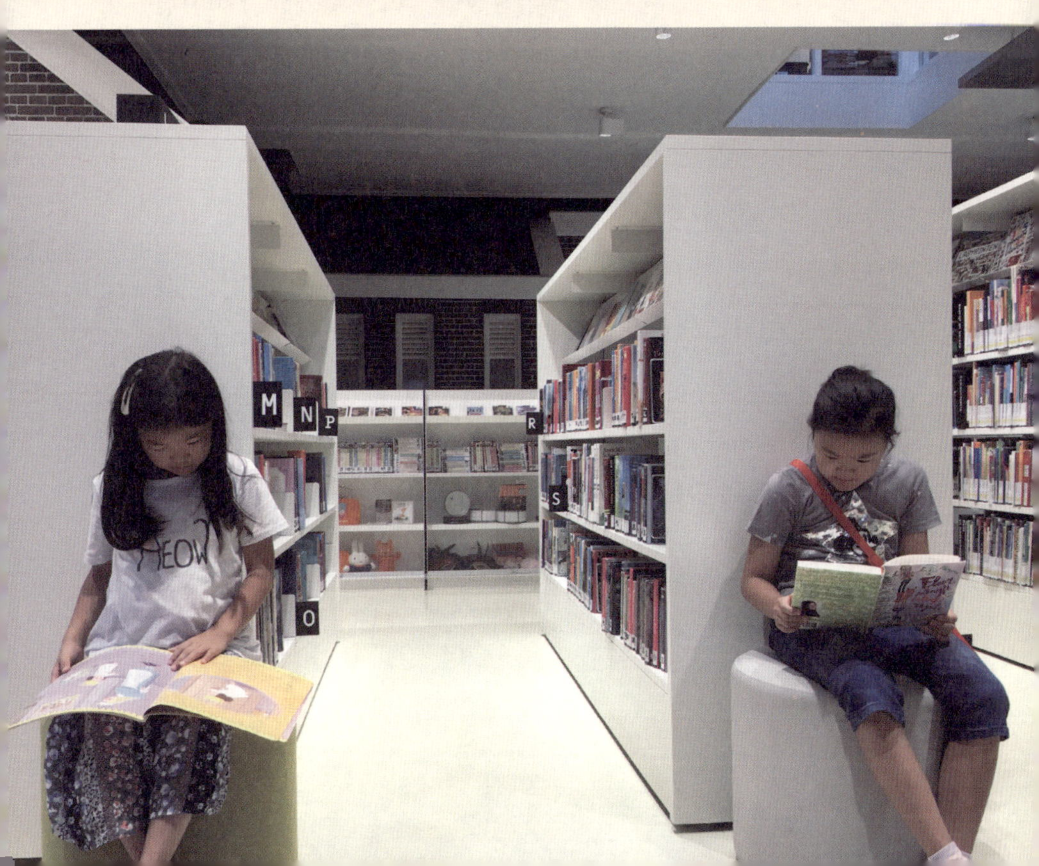
M
N
P
R
S
O

이 도서관에서 가능하다는 것이 그저 감격스럽다.

 도서관 어느 공간은 아예 대저택의 응접실 같은 곳이 있다. 도서관 내에 있는 카페다. 여기는 어느 궁전에 들어온 것 같은 분위기다. 짙은 체리색상의 원목 가구들과 앤틱 디자인의 벽장과 의자와 조명이 한껏 숙연함을 더해준다.

 이사 간 친구집을 샅샅이 돌아다니며 구경하듯 도서관 전체를 돌아다닌다. 물론 아이들은 자기들이 읽고 싶은 책을 보느라 어린이 책 코너에 있었다. 맨 꼭대기층은 과거 학교 옥상이었기에 그 흔적이 조금 남아 있다. 깨끗하게만 단장하고 자물쇠로 잠가 버린 공간들이 더러 있다.

 도서관 로비에는 안내데스크가 있다. 그 옆에는 스쿨7 도서관의 과거를 보여주는 작은 역사 전시 공간이 있다. 한참을 그곳에서 사진과 안내글을 보며 이 도서관의 일생을 탐미했다. 누군가가 자신을 기억해준다는 것은 짜릿하고 감사한 일이다. 어떻게 어떤 이미지로 기억할지는 온전히 추억하는 자만의 몫은 아닐 게다.

 재생 건축물을 짓는 이유는 여러 가지가 있다. 현실적으로 건물을 폐기하는 비용이 새로 짓는 비용보다 크다거나 폐기물이 환경에 미치는 부정적인 영향 등을 고려하게 되면 친환경적인 건축이 무엇인가라는 질문을 할 수밖에 없다. 그리고 함께 하는 동시대인들의 요구사항에 귀를 기울이는 과정이 분명 존재한다. 수많은 재생 건축물 중에서 학교가 도서관으로 변신하는 과정은 현재 우리가 살고 있는 사회에 던져주는 가르침이 유별날 수도 있을 것 같다.

벽면 가득한 창밖으로 펼쳐진 마을과 너머의 항구 모습은 멍 때리고 싶을 때마다 오고 싶도록 꾸며 놓았다.

승효상 건축가는 도시의 아름다운 풍경을 보존하고 정체성을 지키는 것이 재생건축이라고 보았다. 이야기가 있는 장소와 작품이 만나 특별한 시너지 효과를 낸다고 하였다. 낡고 오래된 것에 대한 편안함과 매력을 잃지 않은 눈맞춤이 있는 것이다.

낡아서 폐교할 운명에 처했던 학교에 대한 편안함과 매력을 불러낸 동인은 무엇이었을까? 학교와 도서관이 품은 고유한 정체성은 도시 속에서 어떤 역사적 바람을 일으키려고 했던 것일까? 어떤 노래가, 어떤 향기가, 어떤 이야기가, 과거를 부활시키는 매개가 되었을까? 아스라이 사라질 추억을 소환해낸 초혼 같은 이 건물은 결국 세계 최고의 공공도서관이라는 이름표를 달고 역사 속에 재등장하기에 이른 것이다.

먼 훗날 아이들과 내가 다시 이 도서관을 방문한다면 무엇을 추억할까? 도서관에서 나오면서 비를 쫄딱 맞은 일? 도서관 앞 운하 위에 있는 그림을 보고 한참 놀았던 일? 갈매기 켕카와 무리들의 비행경로였던 덴 헬더르에 있는 도서관에서《갈매기에게 나는 법을 가르쳐 준 고양이》라는 책을 떠올린 것? 영화〈노킹 온 헤븐스 도어 knockin on heaven's door〉의 두 주인공 마틴과 루디가 죽기 전에 보고 싶어 했던 바다, 그 바다의 영화촬영 배경지인 텍셀 섬에 놀러가기 위해 들렸던 도시 덴 헬더르에 대한 기억? 기억할 수 있는 추억을 재생할 수 있는 계기를 준 것?

그 도서관을 거실로 여기는 덴 헬더르 시민들이 그 지역의 영웅 같다. 해 아래 새것이 없다는 것을 체험적으로 아는 이곳 시민들은 이전 것에서 새로운 것을 창출해내는 그 기묘한 온고지신의 역량을

발휘한 남다른 사람 같다. 현재를 통해서 과거를, 과거를 통해서 미래를 만나는 특별한 시공간 여행을 도서관에서 일상으로 경험하는 이들이다. 모리스 레스모어 같은 인생을 산 이들이다.

   책을 돌보았더니 책이 그들을 돌보아준 인생. 그들이 새로 일구어낸 도서관은 역사적 정체성을 고스란히 보존하고 기억하고 있는 도서관이다. 그 이름은 자랑스러운 '스쿨7 도서관'이다. 럭키 세븐이다.

03

초콜렛공장의
지적인 변신
하우다 공공도서관

초콜릿 공장을 개조해서 만든 하우다 공공도서관

누군가의 일상을 들여다보는 것은 위험한 것일까? 아니면 선의를 품은 관심일까? 사람은 본능적으로 자기중심성을 가지고 있다. 모든 감정, 시선, 생각의 발원지와 중심지, 귀결지가 자신의 마음과 생각에 머물 때가 많다. 만일 이러한 궤도를 이탈한다면 그는 범상치 않은 사람으로 존경을 받거나 정반대 급부에서 비난을 받는 인생일 것이다. 하지만 평범한 우리들도 가끔은 자기중심성에서 벗어나려는 고귀한 노력을 한다. 교육 혹은 자기반성을 통해서 타인의 삶

2015년 올해의 도서관으로 선정된 하우다 공공도서관은
과거 초콜릿 공장을 개조하여 만든 도서관이다.

으로 시선 돌리기를 시도한다. 부담감 없이 다른 이의 인생에 따뜻한 눈길을 던지는 시도로 독서와 영화 감상 또는 여행이 있고 이를 통해서 느긋한 관점을 가지기도 한다. 종종 예기치 않은 깨달음과 감동 덕분에 밴댕이 소갈딱지 같은 야트막한 심보에서 출발한 마음가짐은 한없이 너그러운 성인과 같은 마음씨로 성숙해 가기도 한다.

 그렇다면 아무런 편견과 가식 없이 다른 이의 삶을 흘끔 쳐다보는 것도 그리 나쁘지 않겠다. 그것조차 자기중심적인 시선에 갇혀

있을지라도 적어도 타인의 삶을 공유하고 싶은 마음의 발로이니까 괜찮다.

한국에서 고다(Gouda를 영어식으로 발음) 치즈로 유명한 하우다Gouda 마을에 갔다. 하우다Gouda는 치즈와 양초로 유명한 마을이다. 관광객들에게는 알크마르Alkmaar 전통 치즈시장이 유명하지만 알크마르 치즈시장 못지않게 네덜란드에서 큰 비중을 차지하고 있는 곳이 바로 하우다 치즈시장이다. 또한 오랜 시간 동안 불꽃을 유지하는 질 좋은 양초 생산지로 유명한 곳이다.

나는 하우다에 두 번 왔다. 첫 번째는 크리스마스 캔들 라이트Christmas candle light 축제를 구경하기 위해 밤에 왔고, 두 번째는 초콜릿

　도서관을 방문하기 위해 낮에 왔다. 두 번의 방문 모두 이색적이고 흥미로운 문화를 엿보게 된 좋은 추억들이다. 이곳은 나와 딸들에게 초콜릿 같은 달콤한 기억으로 남아있는 마을이다.
　해마다 네덜란드에서는 올해의 도서관을 선정한다. 특별히 하우다 공공도서관은 초콜릿 공장을 개조하여 만든 도서관으로 2015년 올해의 도서관으로 선정된 곳이다. 도서관의 별칭도 재미있다. 일명 초콜릿 공장de Chocolade Fabriek이다. 도서관 내부에는 초콜릿을 만든 기계와 초콜릿을 보관하거나 운반하는 시스템을 보존하고 있어 흡사 초콜릿 박물관 같은 느낌도 든다. 가끔 초콜릿을 주제로 한 다양한 이벤트와 프로그램도 진행된다.

도대체 어느 누가 모든 이에게 달콤한 유혹을 던지는 초콜릿의 달달한 이미지와 지식과 교양을 상징하는 책 이미지를 결합할 생각을 했을까? 더군다나 하우다라는 도시는 이미 치즈와 양초가 랜드마크인데 거기에 과감하게 초콜릿 도서관이라는 새로운 명물 하나를 추가한 것이다. 조각조각들은 서로 어울리지 않지만, 그곳에서는 자연스럽게 연결되는 도시의 이미지들이다.

2015년 네덜란드가 선정한 올해의 도서관
그들의 하루하루 조각들은 영화처럼 낭만적이다

아이들과 함께 초콜릿 공장으로 찾아가는 발걸음은 마치 소풍 가는 기분 내지 초콜릿 공장 견학 가는 기분이었다. 도서관 입구에는 도서관이라는 안내나 간판이 달려있는 것이 아니라 '초콜릿 공장'이라는 커다란 글자가 박혀 있다.

회전문을 통과하여 안으로 들어가 보니 바로 안내데스크와 카페가 보인다. 전혀 도서관 풍경 같지 않아 보인다. 이미 카페에서 풍기는 차와 향긋한 쿠키와 빵 냄새가 식욕을 건드린다. 우리가 방문한 날은 왕의 날King's day 행사가 있던 날이었기에 더더욱 풍성한 이벤트

로비와 위층으로 올라가는 계단을 개방적 구조로 만들어 놓아 시각적으로 탁 트인 느낌을 준다.

재즈바에서 사람들이 차나 와인을 마시면서 브런치를 즐기는 흥겨운 그들의 일상이 도서관에서 펼쳐지고 있다.

가 열리고 있었다. 도서관 입구 로비에 책장터가 마련되어 있고 아이들은 저마다 풍선과 자그마한 장난감들을 손에 쥐고 다니며 책박스를 들추어 보고 있다.

로비에서 조금 더 지나가니 부산하게 사람들이 움직인다. 이미 도서관 내 카페에서 오후의 티타임을 즐기던 이들은 서서히 다가오는 저녁을 맞이하고 있었다. 오후에 진행되는 재즈 공연이 그날의 특별한 프로그램이었다. 도서관에서 재즈를 듣다니! 재즈바에서 사람들이 차나 와인을 마시면서 브런치를 즐기고 타파스를 즐기는 흥겨운 그들의 일상이 도서관에서 펼쳐지고 있는 것이다.

하우다 도서관은 도서관이 아니었다. 책처럼 사연과 이야기, 지

한낮에 도서관에서 펼쳐지는 재즈 공연이 하나도 어색하지 않다.

혜, 교훈, 메시지를 품은 인생 하나하나가 살아있는 팝업북으로 존재하고 있다. 그들의 수다는 오디오북이고 그들의 움직임은 비디오북이며 재즈가 울려 퍼지고 재즈를 귀담아 듣는 이들이 펼치는 풍경은 마치 파리 물랑 루즈의 낮 공연을 그려낸 툴루즈 로트렉의 어느 작품이 되어버린다.

  문자와 문화가 자연스럽게 용해되어 있는 곳이다. 지역주민의 삶을 정겹게 녹여내는 곳이다. 그들이 한낮에 찾아왔다 해서 그곳에 한가한 사람만 있는 것은 아닐 것이다. 그들 역시 자기만의 고된 삶을 묵묵히 감당하고 있다. 영국인들이 홍차만 사랑한 것이 아니라 홍차를 마시는 시간을 소중히 여기는 것처럼 이들도 오전과 오후에

하우다는 고도시이기 때문에 역사적 자료가 풍부한 곳이다.
그래서 이 도서관에는 역사적 문헌을 많이 소장하고 있다.

지인들과 나누는 티타임을 무척 중요시 여긴다. 우리처럼 정신없이 바쁘게 살지 않지만 그렇다고 게으르거나 방만하게 살아가지 않는다. 그들은 삶의 완급을 조절한다. 차를 마시는 시간 중에 타인의 삶에 박수를 치기도 하고 때로는 진심 어린 조언을 해주기도 하고 격려를 해주기도 한다. 대놓고 그들은 앞에서 비난하지 않는다. 틈틈이 타인의 삶에 자연스러운 공감을 표하며 관심을 보이는 시간이다. 그것이 티타임이라는 문화 속에 녹아들어 간 것이다.

그 공간 중 하나가 도서관이다. 달콤한 초콜릿이 스르르 녹아들면서 이내 행복감과 만족감을 누리는 것처럼 그들에게 도서관은 그런 의미로 다가온다는 것을 기대했을 것이다. 우리나라로 빗대어 표현하자면 도서관은 옛날 주막 같은 곳이다. 오가며 술도 마시고 저잣거리에서 일어나는 소식도 듣고 옆 사람의 주정에 가까운

말을 들어가며 세상 물정을 알아가는 만남의 장소이자 사교의 장소이고 새로운 것을 알아가는 장소인 것이다. 초콜릿 도서관은 사람과 사람 사이의 가교 역할을 한다. 기존의 도서관 역할은 기본이고 이웃들의 수다가 펼쳐지고 지친 심신을 달래주는 음악도 듣고 어린이들을 위한 작은 이벤트에 흥겨워하는 문화생활을 누리는 주막인 것이다.

올해의 도서관을 선정하는 여러 기준 가운데 지역사회의 공헌도와 기여도가 있다. 또한 도서관의 기능과 역할을 얼마나 충실하게 하는지를 측정하는 방법 중에 수상한 손님 mystery guest 프로그램이 있

잉크와 인쇄기를 가지고 종이에 찍는 체험을 하거나 일련의 과정을 볼 수 있는 프로그램이 마련되어 있다.

2층에는 특이하게도 옛날 출판문화를 전시하는 공간이 있다.
구닥다리처럼 보이는 옛 인쇄기와 종이들이 전시되어 있다.

예전에 물품들을 운송하는 리프트가 하나의 설치미술처럼 보인다.

다. 쉽게 말하면 암행어사가 불시에 도서관에 방문하는 것이다. 그래서 도서관의 운영 실태와 시스템을 손님(도서관 이용자)의 입장에서 평가하는 것이다. 단지 도서관 건물과 외양을 보고 올해의 도서관을 선정하는 시스템이 아니다. 이런 의미에서 초콜릿 도서관은 충분히 가치가 있다. 지역주민에게 문화적 아지트로 기능한 것과 기존 초콜릿 공장의 이미지를 적절하게 살려 도서관으로 탈바꿈을 성공적으로 이루어낸 공이 크다.

실제로 도서관 내에 달달한 초콜릿향이 가득한 것은 아니다. 그러나 곳곳에 과거 초콜릿 공장이었음을 알 수 있는 흔적들이 남아있어 흥미롭다. 로비와 위층으로 올라가는 계단을 개방적 구조로 만들어 놓아 시각적으로 탁 트인 느낌을 준다. 기존의 둔탁한 공장 이미지를 세련되게 변신시켜 놓았다. 도서관은 2-3층 높이의 건물이지만 예전에 물품들을 운송하는 리프트가 하나의 설치미술처럼 보인다.

하우다는 고ㅎ도시이기 때문에 역사적 자료가 풍부한 곳이다. 그래서 이 도서관에는 역사적 문헌을 많이 소장하고 있다. 2층에는 특이하게도 옛날 출판문화를 전시하는 공간이 있다. 구닥다리처럼 보이는 옛 인쇄기와 종이들이 전시되어 있다. 뿐만 아니라 실제 잉크와 인쇄기를 가지고 종이에 찍는 체험과 이 모든 과정을 보여주는 시연도 함께 하고 있어 매우 가치있고 재밌는 경험을 할 수 있다. 어린이책이 있는 아래층 한쪽 전시공간에는 언더우드 타자기를 비롯한 무성영화에 자주 등장하는 앤티크 타자기들을 전시하고 있다. 이 모든 전시물들이 초콜릿 공장이었던 도서관에 펼쳐져 있다는 것을 떠올리면 흐뭇한 미소와 야릇한 궁금증이 동시에 일어난다.

도서관을 나올 무렵까지 재즈 공연은 지속됐다. 네덜란드 재즈가 유명한 것은 알지만 이러한 공공기관에서 재즈를 들으니 그 느낌은 발랄하고 귀여운 톡톡 튀는 감상으로 엮어진다.

어둠을 몰아내는 빛의 축제 속에서

도서관에서 나와 시청이 있는 광장으로 움직여보자(비록 우리는 각각 다른 날에 갔지만). 12월 크리스마스 분위기를 한껏 즐기고자 하는 이들의 부지런한 발걸음이 종종거리며 시청 앞 광장으로 향하고 있다. 양초의 도시답게 크리스마스트리를 양초로 꾸민다는 소문을 듣고 향한 곳이었다. 크리스마스 캔들 라이트 Christmas candle light 축제가 펼쳐지는 이곳의 크리스마스 마켓은 네덜란드에서 꽤나 유명세를 가지고 있는 마켓이다.

마을의 명소인 아름다운 시청사는 촛불로 장식된다. 수많은 촛불이 켜지는 광경은 장관이다. 또한 그 앞의 광장 한가운데는 노르웨

하우다는 치즈와 양초로 유명한 마을이다

이에서 선물했다는 대형 크리스마스트리가 있다. 시청 건물 높이만 한(조금 과장해서) 대형 크리스마스트리에 불이 들어오는 그 순간에는 마을 사람들이 일제히 환호와 함성을 뿜어낸다. 절로 그렇게 된다. 이 순간만큼은 크리스마스 동화 마을에 온 것 같은 도취감에 빠져든다.

매년 이루어지는 크리스마스 캔들 파티(2021년에 66주년을 맞는다)는 시장의 기조연설과 축사로 시작된다. 이어서 가스펠 송 가수와 오페라 가수들의 노래와 춤 공연이 펼쳐진다. 그 후에 크리스마스트리 점등식이 이루어진다. 밑에서부터 나무 꼭대기까지 불이 켜지는 광경은 조용한 이 중세 마을의 어린이들에게 꿈과 낭만

이 가득한 명장면이 된다. 온 동네 사람과 크리스마스 마켓에 놀러 온 관광객들은 한마음이 되어 크리스마스 캐럴을 부른다. 이때 시청 창가마다 설치된 1500여 개의 양초에 불이 들어온다. 어둠에 깔려있던 도시에 캐럴과 함께 빛이 들어오는 것이다. 이보다 멋진 동화가 어디 있을까? 그것도 크리스마스를 앞두고 펼쳐지는 축제 아닌가!

 빛은 그렇게 사람들에게 다가간다. 어둠을 밝히는 그 빛은 작은 양초에서 시작하나 감당하기 힘든 찬란한 불빛으로 커져 버린다. 이곳에서 평생 살아온 할아버지, 할머니부터 어린이까지 그 광경을 함께 지켜보며 너와 내가 구분이 없는 공동체성을 가지는 경건한 의식이 되어버린다. 시나브로 자기중심성에서 조금씩 탈피하는 성인식이 이루어지는 광장은 예수님의 탄생만큼 축하와 감동이 넘치는 공간이다.

걸어 다니는 책

하나하나 진귀한 인생이 담긴 책들이 모여서 소리를 내는 광상이나 두꺼운 책표지 속에 낱장으로 존재하는 과거 속의 인생이 담긴 책들을 소장한 도서관이나 모두 빛을 내어 세상을 밝히는 소중한 역할을 하는 보물들이다.

이곳에서 아이들과 함께 한 시간은 역사로 남게 될 것이다. 함께 불을 밝혀 세상을 밝게 만든 순간의 경이로움은 이제 우리들의 인생에서 실현되어야 할 것이다. 어둠이 빛에 의해 물러가는 것을 똑똑히 보았다. 멋진 크리스마스트리와 시청사의 촛불 속에서 아이들은 동화 같은 상상을 했겠지만 이후 아이들의 인생은 동화 같지 않은 현실에서 동화를 만들어 가는 용기 있는 사람이 되기를 촛불 앞에서 엄숙하게 소망해 본다.

04

문화유산 가득한 옛도시에서 최신 시스템을 적용한 뷔르츠부르크 시립도서관

도시 시민과 여행자의 재생을 위한 뷔르츠부르크 시립도서관

익숙하지 않은 새로운 곳에서 익숙한 것을 마주할 때 느끼는 반가움은 데자뷔를 보는 것 같은 신비로운 감정을 느끼게 해준다. 그것을 우리는 예기치 못한 발견이라 부르며 마치 뜻밖의 보물을 얻은 것처럼 기뻐하기도 한다. 이는 여행 중에 느끼는 묘미가 아닐까? 독일 여행의 중심지로 통하는 로만틱 가도와 고성 가도가 만나 낭만을 꿈꾸는 이들의 여행이 시작되는 뷔르츠부르크^{Würzburg}에는 체코 프라하의 명소인 카를교를 닮은 알테마인교를 건너 마리엔 요새로

노란 파스텔 색상의 로코코 양식의 궁전은 청바지에 티셔츠 입고 들어가기보다는 핑크빛 드레스를 입은 공주로 분장하여 들어가야 구색이 맞을 것 같다.

달려가고자 하는 수많은 이들의 서성거림이 가득하다. 인근 도시 밤베르크나 뉘른베르크, 로텐부르크 오프 데어 타우버에 머무는 이들이 주변에 눈을 돌려 곁들임처럼 찾아드는 도시이다. 고풍스러운 건물과 유서 깊은 유적들을 보고자 하는 사람들이 넘실대는 곳이다.

유럽의 도시 여행은 의외로 간단하다. 시청을 중심으로 주요 건물은 한 곳에 몰려 있고 거기에 광장이 형성된다. 물론 관광안내소도 대부분 이 광장 근처에 자리한다. 시청사는 당대의 최고 건축가들이 설계하기 때문에 근사한 볼거리이자 그 도시의 랜드마크가 된다. 오랜 역사를 안고 현재까지도 운영되는 시청사도 있지만 대개 옛 건물은 구 시청사가 되어 박물관이나 간이 미술관으로 운영되고, 새로운 건물인 신 시청사에서 행정 업무를 진행한다. 구 시청사 앞에는 광장이 펼쳐져 있어 정기적인 장이 서는 장소로 사용되거나 각종 행사가 이루어진다. 사람들의 이합집산이 절로 이루어지는 공유된 장소다. 요즘으로 비유하면 가장 핫한 장소이자 최적의 상권이며 문화 · 집회 행사가 이루어지는 공용공간이다.

장터가 펼쳐지면 그 생기발랄한 모습 때문에 절로 발걸음이 가기도 한다. 이미 우리 가족에게는 일상이 되어버린 장터에서의 장보기이지만 다른 도시의 장터를 엿보는 것은 또 다른 재미이자 탐방놀이다. 물가 비교도 해보고, 다른 지역의 특산물은 뭐가 있나 살피기도 하고, 그 도시 사람들이 즐겨 먹는 길거리 음식은 무엇인지 탐색도 해본다. 익숙한 장터에서의 장보기 일상을 생면부지의 장소에서 경험한다는 매력은 낯섦의 매력이다.

알고 보면 하루하루는 낯설음으로 다가오며 늘 처음 맞는 새로운

도서관에 진열되어 있는 책들은 발간된 지 한참이 지난 엄연한 과거의 유물들이다.

하루이다. 그러나 낯섬을 익숙함으로 맞이하는 타성 때문에 부러 여행이라는 장치로 그 낯설음을 애써 확인하려고 하는지도 모르겠다. 파랑새의 결말을 알면서도 직접 또 확인하고 싶어 하는 다소 고집스러운 반작용 같은 열망이다. 그러한 열망의 꽃망울이 터뜨려지는 곳에서 다가온 뷔르츠부르크의 시립도서관은 또 다른 낯섬을 경험케 해주는 이상한 나라였다. 흘러가는 세월 속에서 잠시 홀로 정지된 시간을 여행하는 시간 이탈자로 서있게 된다. 그 이상한 나라 안에서는 반복된 일상에서 살짝 일탈하여 유람도 하고 정중동의 멋을 즐기는 한량으로 보내도 파스텔 빛의 인생으로 빛날 수 있다. 노란색 궁전이 걸어주는 색감의 마법이다.

뷔르츠부르크 시립도서관의 외양은 흔히 볼 수 있는 도서관의 모습이 아니다. 노란 파스텔 색상의 로코코 양식의 궁전은 청바지에 티셔츠 입고 들어가기보다는 핑크빛 드레스를 입은 공주로 분장하

여 들어가야 구색이 맞을 것 같다. 희한한 것은 노란 로코코풍 궁전에 현대핀 옷을 입고 입장한다는 것이다. 밝은 로코코 시대 안은 현대이다. 나만 그런 것이 아니라 천만다행이다. 도서관 직원들과 도서관을 찾는 이들 모두 나와 같은 친근한 요즘 복장의 사람들이다. 왕자와 공주 같은 주인공이 들어서서 무도회를 갖는 곳이 아닌, 너와 내가 모여 날마다 새로이 펼쳐지는 일상을 누리는 지극히 평범한 동시대의 이웃들이다.

과거를 끌어다가 현재에 이식한 것은 공간적인 배경 때문만은 아니다. 그 안에 진열되어 있는 책들은 모두 과거이다. 이미 저술되고 발간된 지 한참이 지난 엄연한 과거의 유물들이다. 거기서 현재를 경험한다면 도서관 이용자들을 위해 마련된 컴퓨터에서 사용할 수 있는 인터넷 정도랄까? 아무리 최신간 서적이나 잡지, 신문, CD 일지라도 과거라는 라벨을 붙여 현재에 전시되고 있을 뿐이다.

　도서관은 그런 곳인가 보다. 과거를 통해 현재를 만나는 곳, 그리고 미래를 잠시 그려볼 수 있는 곳. 도서관의 아름다움은 겉보기에서 짐작할 수 있는 사랑스러운 면모에 그치지 않는다. 그 도시의 문화와 시대정신을 가장 신속하고도 정확하게 보여주는 문화적 거울의 요체가 바로 도서관이어야 한다.

　독일의 천재적인 극작가인 하인리히 폰 클라이스트가 약혼자에

게 보내는 편지글에 남긴 도서관에 대한 생각에서도 알 수 있듯이 이 뷔르츠부르크 도서관만이 가지고 있는 자랑거리가 있다. 독일에는 1만 4천여 개에 이르는 도서관이 있다. 또한 독일의 도서관은 지방분권화 체제에서 철저하게 운영된다. 즉 국가나 중앙정부에서 관장하지 않기에 역사적 · 문화적 · 학문적 · 예술적인 접근과 그에 따른 정책 결정권은 해당 연방주에 있다. 따라서 각 주마다 특색이 있고 특징이 있다. 뷔르츠부르크 시립도서관은 독일 대도시 도서관 평가에서 종종 1위를 차지하는 명문 도서관 중 하나다. 뷔르츠부르크 시민들에게 가장 적합하고 실제적인 도움을 제공하며 시민과 함

도서관은 도서만 대여해 주고 조용히 책만 보는 곳이라는
전형적인 정적인 이미지에서
역동적이고 생동적인 분위기로 바뀌었다.

도서관에 들어서자마자 한눈에 들어온 커다란 나무 몇 그루와 천장에서부터 내려지는 태양빛은 들어가는 이의 마음을 따뜻하게 감싸주고도 남는다.

께 호흡하는 도서관이다. 한마디로 뷔르츠부르크 시립도서관은 '시민에게 다가가는 도서관'이라는 이미지가 구축되어 있다.

먼저, 이 도서관은 최신 매체로 시민에게 다가가는 도서관이다. SMS, 이메일 등의 최신 매체를 효과적으로 활용하여 도서관 회원들에게 새로 구비된 도서나 장비, 매체의 소식들을 알려주는 정보 제공 서비스를 시행한다(물론 오늘날 이런 서비스는 어느 정도 보편화되어 있지만 이 도서관에서 중점 사업으로 펼쳐온 결과이며 영향이다). 유럽 최초의 온라인 도서관답게 2007년 5월에는 가상 현실 디지털 시립도서관을 개관하였다.

둘째, 다양한 연령층에 적합한 방식으로 시민에게 다가가는 도서관이다. 부모와 영유아를 위한 문학강좌 서비스를 2004년 여름부터 실시하였다. 그렇다면 부모와 영유아에게 어떤 접근이 이루어졌을까라는 질문을 던지게 된다. 도서관 직원과 자원봉사자들이 영유아를 위해 노래 부르기, 손가락 놀이, 목마 타기, 빙 둘러앉아 놀이하기 등의 부차적인 프로그램이 제공된다. 도서관은 도서만 대여해주고 조용히 책만 보는 곳이라는 전형적인 정적인 이미지에서 역동적이고 생동적인 분위기로 바뀌었다. 초등학생부터 청소년에 이르는 별도의 책읽기와 자료 검색 프로그램이 진행되는 것은 물론이다. 평생학습의 차원에서 성인과 노인들을 위한 재교육 프로그램도 마련되어 있다. 이는 EU 모델 프로젝트인 '배우는 사회에서의 공공도서관Public Libraries in the Learning Society'의 추진 과정 속에 진행되는 것들이다.

셋째, 활용 가능한 지역사회의 자산과 협력하며 시민에게 다가가는 도서관이다. 뷔르츠부르크 시민대학VHS과 연계한 도서관 내 공부방 프로그램으로 컴퓨터 인터넷 교육과정과 취업 훈련 과정이 마련되어 있다. 시市의 문화 단체나 자선단체와의 협력이 이루어진다. 일례로 아픈 사람과 이동성이 자유롭지 못한 이들을 위해 적십자와 공동으로 배달 서비스를 실시하고 있다. 마인프랑켄Mainfranken 극장과 공연 중인 작품과 연관이 있는 미디어를 전시하는 협력 사업을 하고 있다.

이렇게 혁신적인 접근방법으로 시민에게 다가가는 노력을 하는 도서관의 위엄은 노란 파스텔 색상의 사랑스러운 이미지와 함께 시너지를 내고 있다. 과연 그러했다. 따사로운 햇살 속에 잠시 그늘처럼 피해 들어간 도서관에서 그러한 특징들을 자연스럽게 엿볼 수 있었다. 도서관으로 들어가는 출입구 맞은편은 관광안내소였다. 도서관에 들어서자마자 한눈에 들어온 커다란 나무 몇 그루와 천장에서부터 내려지는 태양빛은 들어가는 이의 마음을 따뜻하게 감싸주고도 남는다. 다른 이들의 출입에 무심한 듯 저마다 카페처럼 꾸며진 공간에서 신문을 보거나 책을 보는 등 자기만의 세상을 펼치고 있다. 평일 낮이라 그런지 학생들과 청년들은 거의 없었다. 이곳에서 만난 이들의 대부분은 나와 같은 호기심 많은 여행자이거나 아주머니, 아저씨, 유모차에 아기를 태우고 들어오는 엄마들, 할머니,

뷔르츠부르크 시립도서관에 가는 길목에 마주한 사람들.

할아버지들이다.

그 모습이 좋다. 그들이 이곳에서 여가를 보낸다는 느낌보다는 일상을 공유하는 것처럼 보인다. 그리고 언제나처럼 우리 아이들은 어린이 도서가 있는 곳으로 달려간다. 독일의 도서관에서 발견한 독어로 쓰인《구름빵》그림책을 보고 반가워한다. 책 외에도 장난감과 퍼즐을 가지고 한참 시간을 즐겼다. 바쁘게 돌아가는 여행 도중 들렀던 뷔르츠부르크 시립도서관에서 책과 함께 쉼의 시간을 보낸 것이 행복이다.

지친 다리에게 휴식의 시간을 주거니와 낯모르는 곳에서 어떤 어려움이 숨어져 있을지 모르기에 늘 긴장해야 하는 여행길에서 책을 보고 책이 있는 풍경을 보며 휴식을 취한다. 충분한 재생 시간이 되었음에 감사하다. 그런데 더 의미가 있는 것은 뷔르츠부스크 시민들은 이 도서관을 통해 일상에서 새로움을 얻는 재생의 공간이다.

유럽의 도시에 들어가면 걷기를 잘 해야 한다. 차갑도록 매끈한 아스팔트 길이 아니라 중세의 역사를 머금은 돌길이거나 블록을 모양 맞추어 박아 놓은 운치있는 울퉁불퉁한 길이기 때문이다. 유럽의 도시들은 발바닥의 아픔을 감내하고 눈과 귀로 즐겨야 하는 여행지이다. 그렇게 발바닥을 단련시켜가며 하나하나 둘러보는 도시 여행자에게 고단한 시간을 달래주던 곳은 도서관이었다. 도서관은 가장 저렴하고 가장 안락하고 가장 문화 수준이 높은 쉼터이자 놀이터다. 아이들이 도서관에서 한국책을 발견하면 그때마다 마치 한국인을 만난 것처럼 반가워하고 흥분했다. 책을 인격화하여 대하는 아이들의 동심은 애서심愛書心이었으리라.

    문자의 힘은 그래서 강렬한가 보다. 문자는 장소와 시대를 초월해서 만남의 유희를 체감하게 만드는 매개체이다. 길을 가다 마주치는 이가 한국인인가 싶지만 조심스러울 때가 있다. 심증은 가도 그 사람이 직접 한국말을 하지 않는 이상 섣불리 한국인인지 아닌지의 판단은 유보할 수밖에 없으니까. 그러나 한글을 발견할 때는 즉각적인 반응이 튀어나온다. 구어口語보다 문어文語의 효력이 더 분명하고 강력하게 나오는 경우들이다. 결국 문자는 초월적 매체라는 것을 아이들은 자연스럽게 몸으로 터득하게 된다.

    유럽의 도서관을 다닐 때마다 느끼는 이런 벅찬 감격이 딸들에게 깜짝 선물이었기를 바란다.

05

용광로를
도서관으로 변화시킨
DOK 중앙도서관

그림도 그리고 춤도 추는 희한한 도서관

아름다운 이야기보다 더 아름다운 것은 없다. 그 아름다운 이야기를 나누고 공유하는 것이 핵심이다.

우물에서 길어온 맑고 차가운 냉수 한 사발 들이켰을 때의 감정을 가득 담아낸 모토다. 이런 모토를 내걸고 운영되는 생수 같은 도서관이 있다. 내가 좋아하는 도시 중의 하나인 델프트Delft에는 아름다운 것들로 넘쳐나는데 그곳에는 아름답기도 하지만 혁신의 아이

DOK Architecten 건축회사가 디자인한 이 도서관 건물은
문화 및 미디어센터와 공공 공간을 구축한 거대 복합 건물이다.

콘이라 불리는 DOK 중앙도서관^{DOK Centrum}이 있다. 찾아가기도 쉽다. 골목을 비껴갈 때마다 나타나는 이정표가 있기 때문이다. 하지만 네덜란드를 비롯한 유럽 도시의 공통적인 도심 구조를 이해한다면 더더욱 찾기 쉽다. 아무리 처음 가보는 유럽 도시일지라도 일단 '광장 또는 시청 앞에 가면 뭔가 있을 거야' 라는 확신을 갖고 가보면 분명히 뭔가가 잔뜩 몰려 있다. 토요일마다 장터가 열리는 광장에 이르기 직전 위치한 DOK 도서관 앞에는 영화관이 있다. DOK 도서관은 얼핏 보면 주상복합건물처럼 보인다. 처음부터 주상복합으로 지은 건물이 아니라 기존 건물에 덧대어 새로 증축한 도서관이다. 용광로 건물이었던 호흐호븐Hoogoven 건물 일부가 도서관이 된 것이다.

책을 매개로 한 문화 생활의 허브

DOK 아키텍텐DOK Architecten 건축회사가 디자인한 이 도서관 건물은 이전의 모습을 그대로 보유한다. 문화 및 미디어센터와 공공 공간을 구축하고 상점, 레스토랑, 카페, 아파트, 자전거 보관소를 동시에 수용하는 거대 복합 건물로 재탄생되었다. 눈에 띄는 2m 높이의 투명한 유리 외관은 도서관 입구를 찾는 이에게는 반가운 징표가 되는 동시에 안을 들여다보고 싶은 호기심을 갖게 만드는 외장 장식이다.

도서관 안에 들어서자마자 펼쳐지는 청록빛을 머금은 푸른색의 계단, 난간과 유리벽, 유리 지붕은 그야말로 눈과 마음이 차가운 생수를 마신 것처럼 경쾌해진다. 안내데스크가 있는 1층의 다소 어두워 보이는 벽돌색은 옛 건물의 자취인 듯하다. 반면 위층의 상큼한 주황색과 대비되는 청록빛 파란색은 세련되었다는 말로도 표현 못할 색감의 어우러짐이 보인다. 한마디로 DOK 도서관은 매력적이다.

어린이책이 꽂혀있는 초록 책장도 인상적이다. 네덜란드에는 별도의 어린이 도서관이 없다. 공공도서관에 이미 어린이 도서 코너가 훌륭하게 있기 때문이다. 한 층 혹은 두 층 전체가 어린이와 청소

도서관 1층(여기서는 0층)에는 그림과 사진을 전시하는 공간이 있다.

년들을 위한 공간으로 꾸며져 있다. DOK 도서관 역시 영아, 어린이, 청소년을 위한 책 공간이 넓다. 심지어 게임을 할 수 있는 공간도 있다. 도서관은 책을 매개로 여러 가지 지적 문화생활의 허브^{Hub} 역할을 하는 장소다.

아름다운 이야기보다 더 아름다운 것은 없다
그 아름다운 이야기를 나누고 공유하는 것이 핵심이다

도서관은 아이들이 자신과 이웃들이 진솔하고 꾸밈없이 살아갈 수 있도록 해주는 인생교과서가 있는 현장이다. 도서관은 그러한

도서관 안에 들어서자마자 펼쳐지는 청록빛을 머금은 푸른색의 계단, 난간과 유리벽, 유리 지붕은 그야말로 눈과 마음이 차가운 생수를 마신 것처럼 경쾌해진다.

공간으로 자연스럽게 만들어져 있다. 이것이 DOK 도서관이 지향하는 바다. 그래서 이 도서관에 대한 지침이 남다르게 다가온다. 아름다운 이야기를 가지고 있으며 하나하나의 인격을 존중하고 그들이 모여 사는 사회를 긍정한다. 있는 모습 그대로를 노출하는 것에 두려움이 없다. 관리를 잘 하고 좋은 평가를 받기 위해 노력하지만 겉모습에만 치우친 과한 노력은 하지 않으려 한다.

학교에서 아이들이 준비하는 공연이나 발표를 보러 갈 때마다 느끼는 것이 있다. 참 못한다. 속된 표현으로 '저걸 발표라고 하나? 연습 안하고 발표해도 이 정도는 하겠다'라는 생각이 들 정도이다. 의상도 조금 신경 쓴 정도이지 흔한 표현으로 번쩍번쩍하게 압도적인 의상은 별로 없다. 평소의 모습 그대로 분위기에 맞는 복장을 갖추

DOK 도서관에는 영아, 어린이, 청소년을 위한 책 공간이 넓게 마련돼 있다.
심지어 게임을 할 수 있는 공간도 있다.

어 입은 채 발표 거리를 준비하여 보여준다. 중간에 아이들이 실수해도 혹은 어설프게 발표해도, 심지어 발표 중간에 어색한 공백이 생겨도 지켜보는 부모와 할머니, 할아버지, 친척들 어느 누구도 뭐라 하지 않는다. 그저 아이들을 기다려 준다. 바라보아 주고, 박수를 쳐주고, 격려해 준다. 예의상 그러는 것이 아니라 진심으로 아이들을 응원해 준다.

    존재^{being} 자체에 보내는 무한 신뢰와 응원이다. 뭔가 해낸 것^{doing}에 대한 과도한 관심과 칭찬이 아니다. 그렇기에 결과를 알려주기

도서관은 아이들이 자신과 이웃들이 진솔하고 꾸밈없이 살아갈 수 있도록 해 주는 인생교과서가 있는 현장이다. 이것이 DOK 도서관이 지향하는 바다.

네덜란드 내에서도 DOK 도서관이 가장 획기적인 도서관이라 불리는 이유는
문화와 미디어의 중심이 되어 교육과 여가를 충족시킬 수 있는 프로그램을 정착했기 때문이다.

위해, 누군가에게 보고하기 위해 절실하게 애쓰지 않는다. 이러한 삶의 태도를 절로 배우고 익혀 자기 삶에 적용한다. 부끄럽거나 잘못한 것을 솔직하게 시인하고 책임지는 것을 중요하게 여긴다. 때문에 어려서부터 언어와 행동 습관을 갖는 것에 주력한다. 숨기는 것이 오히려 부끄럽고 더 책임이 크다는 것을 배운다.

이러한 삶의 태도가 건축에도 묻어난다는 것이 놀랍다. 전쟁의 상흔, 폐허가 된 흔적, 숨기고 싶은 과거 유물들을 고스란히 전시하고 기록하고 내보여준다. 이 건물의 과거를 보여주는 것에 개의치 않는다. 오히려 숨은 의미를 발굴하여 계승하고, 기억하여 보존하는 것을 디자인한다. 그것을 설계하여 건축한다.

수많은 유럽 박물관들은 얼마나 다양하게 사용되는가? 방직공

DOK 도서관에는 초록색 책장이 가득하다.

장, 기차역, 공장, 탄광시설 이러한 건물들을 폐기 처분하거나 허물어버리지 않고 과거 흔적을 잘 살피고 거기에 새로운 건물의 이미지를 덧씌운다. 그러한 박물관들이 유럽 도처에 있다.

한창 델프트 도시 개발이 이루어진 무렵인 1900년대 말부터 델프트 시민들은 함께 소통하고 즐거워할 도서관을 건립하는 것에 뜻을 모아 자발적으로 움직였다. 시민 스스로 도서관 직원으로 자원봉사를 하기도 하고 좋은 도서관을 만들기 위해 한마음을 품고 다양한 일들을 처리해갔다.

네덜란드 내에서도 DOK 도서관이 가장 획기적인 도서관이라 불리는 이유는 문화와 미디어의 중심이 되어 교육과 여가를 충족시킬 수 있는 프로그램을 정착했기 때문이다. 영화나 음악을 즐기는

것뿐 아니라 컴퓨터게임, 전자게임을 도서관에서 할 수 있도록 놀이공간을 마련했다. 지금이야 이러한 체계나 프로그램이 익숙하고 당연하게 여겨지지만 1900년대 말에 이러한 획기적인 생각을 한다는 것은 혁명과도 같다.

   내가 학교 다니던 시절, 아이들은 오락을 하기 위해 오락실을 드나들었다. 오락실은 결코 밝고 화사한 양지에 있지 않았다. 그렇다고 음지도 아니지만 모든 이에게 열려있고 환영받는 곳은 아니었다는 것을 감안하면 이들의 발상은 아주 놀라운 것이다. 게임을 공공장소로 이끌어 내어 건전한 게임문화를 주도하겠다는 것이다. 종종 도서관에서 게임 대회를 하여 우승자에게 상금을 주는 이벤트도 열리는 도서관도 있다(예; 로테르담 공공도서관).

DOK 도서관은 개별공간을 공공공간으로 만들어
누구나 즐기고 누리는 열린 공간으로 격상시켰다.

　과거 나의 학창 시절을 비교해 볼 때 DOK 도서관이 획기적이라고 볼 수 있는 이유는 개인적이거나 소규모적인 혹은 폐쇄적인 공간에서 이루어지는 활동을 공적인 장소로 끌어내었기 때문이다.
　DOK 도서관은 개별공간을 공공공간으로 만들어 누구나 즐기고 누리는 열린 공간으로 격상시켰다. 그것을 아름다운 이야기라고 부른다. 또한 '사람이 콜렉션이다'라는 철학을 실천하고 실현하는 공공기관으로 존립한다. (지금은 아니지만) 소규모로 미술학원에 다녔어야 하는 아이들을 위해 도서관에서 그림을 그리거나 작품 만들기 활동을 주도하고 그 결과물을 전시했다.
　현란한 싸이키 조명 아래 즐기던 댄스파티가 신성한 도서관에서 대낮에 이루어진다. 엄마 몰래 동전을 들고 오락실에 가서 게임하

DOK 도서관은 누구나 즐길 수 있는 장소로 격상시켰다.

장애인들이 도서관 이용에 용이하도록 설치되어 있는 리프트.

는 아이들을 불러내어 아늑하고 깔끔한 도서관에서 공개적으로 게임을 하도록 한다. 조금 확장적이고 비약적으로 바라본다면 마약과 매춘을 합법적으로 운영하는 네덜란드이기에 가능한 재미있는 발상이자 정책이다.

 사람에게는 선한 것을 추구하고자 하는 거룩한 열망도 있지만 때로는 일탈을 꿈꾸고 변칙을 행하며 야릇한 쾌감 속에 색다른 자유를 꿈꾸는 은밀하고 감추어진 욕망이 있다. 이러한 인간에 대한 깊은 이해가 이 도서관에 전제되어 있다. 이곳에서 게임을 하는 아이들에게서 게임중독자의 모습을 관찰하기 힘들다. 특별한 이벤트와 프로그램으로 진행되는 댄스파티나 연주회에서 부자연스럽다든지 비뚤어진 유흥적 태도를 발견하기 힘들다. 모두가 내 이웃이고 그 이웃

의 친구이기 때문에 자연스럽게 웃고 즐긴다. 관람객의 시선으로 서 있기도 하지만 춤을 추거나 악기를 연주하는 주체자로 서있기도 한다. 한국의 세시풍속처럼 네덜란드도 연간 축제처럼 즐기는 풍습이 있다. 동네마다 특색을 살린 다채로운 행사이다. 그 행사를 마을길에서 치르는 것이 아니라 도서관으로 아예 행사 장소를 옮겨 놓은 것이다.

 삶을 즐기고 그 감정을 함께 누리기 위한 것이기에 어떤 경쟁적인 태도도 보이지 않는다. 물론 개인차가 있고 행사나 이벤트의 성격에 따라 경쟁구도가 형성될 수는 있다. 하지만 전반적인 분위기는 선의와 공존을 위한 경쟁이기 때문에 이들에게서 여유로움과 넉넉함을 발견한다. 그들이 선진국 시민이라는 결정적인 증거다. 도서관을 다니면서 단지 도서관의 시스템이나 건축미에만 반하지 않는다. 그 속에 담긴 그들의 철학과 문화, 삶의 태도, 가치관에 진정으로 감동을 받는다. 타인의 삶에 반응하고 공감할 수 있는 여유를

도서관을 다니면서 단지 도서관의 시스템이나 건축에만 반하지 않는다. 그 속에 담긴 그들의 철학과 문화, 삶의 태도, 가치관에 진정으로 감동을 받는다.

소규모로 미술학원에 다녔어야 하는 아이들을 위해 도서관에서 그림을 그리거나 작품 만들기 활동을 주도하고 그 결과물을 전시했다.

도서관이라는 공간에서도 가질 수 있다는 것이 진심으로 부러울 뿐이다.

 책을 읽고 생각하는 지적 유희가 이루어지는 정적인 장소에서 온몸으로 표현하고 감지하고 표출할 수 있는 감각적이고 동적인 공간을 겸하는 장소로 만든 그들의 독창적인 시도는 부러움을 넘어서 따라 하고 싶은 강한 열망을 갖는다. 그 독창성과 지역주민들의 자발적인 참여와 노력 때문인지 2009년에 '올해의 도서관'으로 선

정되는 영광을 얻었다. 자부심으로 포장되고 혁신으로 내실을 다진 멋진 도서관이다.

   도서관 내 아뜰리에에서 그림을 그리고 배우고, 도서관 로비에서는 춤을 추고, 카페에서는 커피를 마시며 책을 읽고, 아이들은 게임을 하고, 매주마다 색다른 이벤트에 기웃거리게 만드는 도서관 중심의 생활이 누구에게는 꿈이지만 그들에게는 일상이다. 이방인인 내가 이 동네에 산다면 매일마다 아이들과 도서관에 드나들면서 필시 이런 대화를 나누게 될 것이다.

"너희들은 그림을 그리거라 나는 책을 읽을 테니.
  너희들은 책을 읽거라 나는 춤을 출 테니."

06

깊은 사색으로 이끄는
레이우아르던 도서관

낯선 것끼리의 미스매치!
감옥과 도서관의 만남

"여기 좀 특이하지? 엄마가 질문 하나 할게. 여기가 옛날에는 어떤 곳이었을까?"

아이들은 엄마가 던지는 질문에 아랑곳하지 않고 두리번거리며 이곳저곳 끌리는 대로 돌아다닌다. 게임기가 있는 곳에서 게임도 하고 푹신하고 안락한 소파에 걸터앉아 어느 책장에서 골라온 책을 읽기도 한다. 그리고 여느 도서관과 다른 인테리어에 관심을 보이

 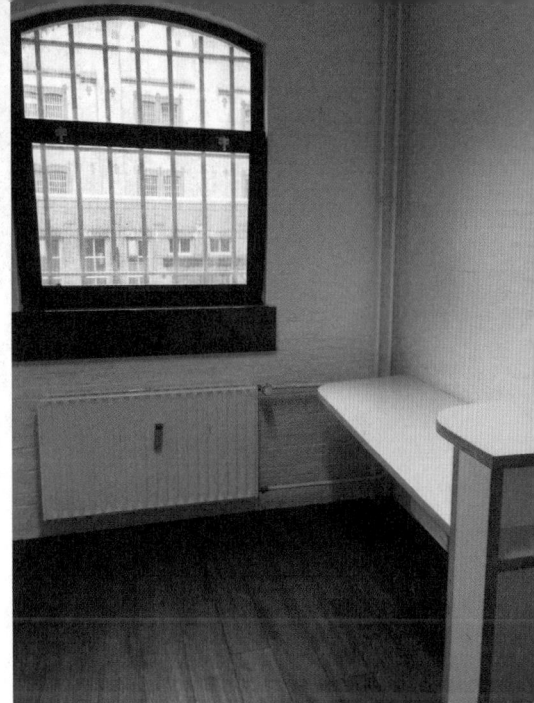

좁은 방에 작은 세면대와 양변기가 하나씩 무심하게 놓여 있는 감방의 흔적이 그대로 남아 있다.

며 여기저기 기웃거리면서 나름대로 감상평을 말한다. 언니의 의견에 동생이 반박하기도 하고 동생의 의견에 언니가 덧붙여 거들기도 한다. 그러더니 대뜸 외친다.

"엄마 여기 옛날에 감옥이었지?"
"어떻게 알았어?"
"뻔하잖아. 문도 두껍고 창문도 조그맣고 쇠창살 같은 것도 있잖아. 그리고 사방이 다 철문이야."

도서관의 이전 정체가 감옥임을 알려주는 결정적인 증거는 2층에 있다. 좁은 방에 작은 세면대와 양변기가 하나씩 무심하게 놓여

있는 감방을 아직 보지 않은 상태에서 아이들은 직관적으로 보고 느낀 것을 자연스럽게 토해내듯 말한다.

"맞아! 근데 왜 감옥을 도서관으로 만든 것 같니?"
"그건 책 많이 보고 착한 사람 되라고!"
"죄수들이 책을 보면 착한 사람이 되니?"
"그럼, 나쁜 짓 한 사람에게 책 보는 걸로 벌주려고."
"그러면 여기가 도서관이 아니라 아직도 감옥이라는 거야?"
"지금은 도서관이지"
"그럼 죄수들이 도망갔든지 없어져서 여기에 책을 쌓아놓은 것일 거야."

아이들은 자기들끼리 나름 유쾌하고 합리적인 상상을 하면서 대화를 이어간다. 아마 첫째와 둘째 언니들이 왔다면 더 세련되고 무시무시한 대화가 이어졌을지도 모른다. 아직은 느낌대로 이야기하

무너진 감옥 건물 외벽의 흔적과 감옥을 감싼 높은 담장.

고 생각이 말하는 것을 좇아가지 않는 셋째와 넷째 딸의 대화가 더 정겹게 다가온다. 그런데 아이들의 아무 생각 없이 지껄이듯 나눈 그 이야기가 실은 정답이었는지도 모른다.

인구 10만 명의 도시, 9세기 초반에 형성된 도시 레이우아르던Leeuwarden은 네덜란드 북부에 위치한 프리슬란트Friesland 주州의 주도이다. 1584년부터 1747년까지 레이우아르던은 네덜란드의 왕실 도시였다. 오래전부터 유럽의 수도가 되고 싶은 열망을 가진 도시였다. 이는 유럽 문화수도로 지정되면서 그 꿈이 이루어졌다. 프리슬란트 주는 네덜란드의 여느 주와 다르게 프리슬란트어를 사용하는 독자적 언어권이다. 지역색이 분명한 방언이 아닌 별도의 프리슬란트어를 사용하는 지역이다. 고유한 문화를 가지고 있어 지역

도서관 내부에 있는 카페에선 자유롭게 책을 읽거나 글을 쓰거나 이야기를 나눌 수 있다.

문화유산을 잘 관리하고 유지한 덕에 2018년에는 유럽 문화수도 European Capitals of Culture로 지정되어 다양한 문화축제가 이루어졌다. 20세기 최고의 아티스트이자 판화가인 모리츠 코르넬리스 에셔 Maurits Cornelis Escher와 제1차 세계대전 당시 프랑스와 독일을 오가며 이중 스파이로 활약한 무용수 마타하리 Mata Hari와 같은 이 지역 출신 예술가들의 전시회가 대대적으로 프리스 미술관 Fries Museum에서 이루어졌다. 프랑스의 길거리 극단으로 유명한 로열 더 룩스 Royal De Luxe가 참여하여 거대한 꼭두각시 인형과 함께 길거리 공연과 퍼레이드가 시내 곳곳에는 저명한 조각가들이 조각품이 전시됐다.

유럽 문화수도의 현장에 직접 가보고 싶어서 아이들과 함께 돌아다니며 보물찾기 하듯 조각품을 발견하던 신나는 추억이 있다. 유독 오래된 건물이 많아 동네 전체를 감싸는 고도시의 느낌이 잔잔

하게 다가온 어여쁜 마을이었다. 네덜란드 대부분의 도시들이 유유하고 소박한 아름다움을 지니고 있어 특별하게 다가오지 않았지만 뭐라 표현할 수 없는 북부 도시만의 확연한 색깔이 있다는 것은 느낄 수 있었다.

조용하고 덤덤한 아름다움을 가진 도시에서도
역시나 범죄자들은 있는 법

네덜란드 레이우아르던에는 범죄자들을 수용하고 관리하는 교도소가 필요했다. 그러나 최근 10년 동안 네덜란드 사회에서 발생하는 범죄율이 무려 40퍼센트가 감소하여 더 이상 이전만큼의 감

오래된 벽돌이 이곳의 역사를 말해준다.

옥이 필요하지 않게 되었다. 네덜란드 정부에서 범죄자를 대하는 방식과 그들을 대하는 기본 철학에 다른 나라들과 분명한 차별성이 있다. 대체로 네덜란드는 실용주의에 입각한 판단과 정책을 잘 펼치는 나라다. 교도소를 운영하고 유지하는 사회적 비용이 만만치 않음을 알고 있다. 또한 범죄자를 처벌의 대상으로 간주하느냐, 갱생의 대상으로 바라보고 접근하느냐를 논의하면서 정책을 마련한다. 네덜란드는 후자의 접근을 취한다. 범죄 원인에 초점을 맞추어 무엇이 잘못되었고 어떠한 정책과 실행이 유효한 결과를 가져오는지에 대한 진지한 접근을 시도한다. 기소와 재소자를 줄이는 정책을 근본으로 하여 사법당국에서는 범죄자를 수감하여 징역형을 내리는 것보다 지역사회에서 봉사하거나 벌금형을 내리는 것에 더 주력한다. 재소자에게 변화 의지가 있는 경우 범죄 원인을 제거하는

데 도움을 주며 갱생을 도모하게 한다. 가령 폭력 범죄자에게는 분노를 다스리는 법을 가르쳐주고 마약 범죄자에게는 마약 중독 치료를 제공하여 준다. 덕분에 교도소의 수는 꾸준히 줄어들었다. 이러한 접근법은 성공적인 결과로 이어졌다. 네덜란드에는 교도소가 더 이상 필요 없게 되는 상황에 이르게 된다.

이제는 쓸모가 없어진 건물에 대한 대책 마련을 위한 협의가 지속되었다. 불필요한 건물을 철거할 계획도 세웠지만 시민들은 역사적 가치가 있는 건물을 허물고 싶지 않아 투표에서 반대표를 던지

어린이들이 체험할 수 있도록 만들어 놓은 감옥부스다.

게 된다. 결국 오래된 건물을 리모델링하는 계획에 착수하게 되고 도서관 건립을 추진하기 시작한다.[1]

 건축가 유현준은 건축 리모델링은 재즈^{Jazz}와 같다고 말한다. 그는 《어디서 살 것인가》에서 영화 〈라라랜드^{LaLaLand}〉의 남자 주인공의

---

1. "네덜란드, 감옥의 변신은 무죄", YTN Korean, 2018.7.21일자.

대사를 인용하며 리모델링 건축에 대한 자신의 견해를 피력한다.

재즈는 다른 사람의 연주를 듣고 나를 표현하는 음악이다. 그리하여 한 연주자가 악기 연주를 하면 이어서 다른 연주자가 낚아채듯이 그 흐름을 타서 자신만의 개성을 담아 자신의 악기로 새로운 색을 입힌 연주를 이어가는 것이다. 막연히 순풍 같은 연주만 하지 않는다. 변화를 주고 맞바람 같은 곡예가 펼쳐지는 강렬한 연주를 하기도 한다. 그것은 악기가 다르기에 가능한 것이다.

건축도 그러하다. 이전 건축가가 의도를 담아 설계를 하고 완성한 토대 위에, 새 건축가가 그 시대에 맞는 건물로 자신만의 색깔을

도서관 내부엔 감옥이었던 것을 알 수 있는 공간들을 남겨 두었다.
도서관 안에 수많은 철제계단은 예전의 삼엄한 감옥 분위기를 느낄 수 있게 한다.

연주하듯 새롭게 덧입힌다. 이것이 바로 건축에서 리모델링이라고 제시한다.

    과거에 사회 질서 유지를 위해 필요했던 감옥은 바뀌어버린 새로운 사회의 요구에 따라 용도 변경을 위한 꿈틀임을 하게 된다. 마치 다음 연주자가 이전 연주자의 음색과 음향을 이어받아 새로운 합작품을 만들어 내기 위해 숨 고르기 하듯이. 재건축물은 시간의 간극을 뛰어넘는 건축가들의 들리지 않는 대화를 토대로 이루어진 예술품이다.

어린책 코너는 그림책 등 책표지가 보이도록 서가를 구성했다. 아이들 키높이와 눈높이에 맞는 서가 디자인이 인상적이다.

레이우아르던 시민들뿐 아니라 네덜란드에서도 이 과정을 눈여겨본 것이다. 네덜란드 도서관협회에서는 레이우아르던 도서관을 2019년 올해 최고의 도서관으로 선정하기에 이른다. 레이우아르던 시市는 2018년과 2019년 두 해에 걸쳐 각각 유럽 문화수도와 최고 도서관의 도시라는 영예를 얻게 되는 겹경사를 치르게 된다.

한편 올해 최고의 도서관에 지명된 후보의 다른 도서관을 제치고 레이우아르던 도서관Abieb ; Bibliotheek Leeuwarden이 최종 선정된 수많은 이유에 귀 기울여 보자. 올해 최고의 도서관 투표에서 배심원으로 활동한 이들이 내려준 평가이자 목소리다.

레이우아르던 도서관의 평가 내용

- 폐쇄된 기관인 감옥(형무소)을 누구나 환영하는 공개적이고 쉽게 접근할 수 있는 공간으로 바꾼 훌륭한 업적
- 역사와 현재, 미래의 조합을 아름답게 이루어낸 지역사회의 자랑거리
- 도서관이 있는 블록하위스포르트 건물은 복합문화시설로써 생동감이 넘치는 특별한 공간
- 최고 도서관, 지식이 풍부하고 친절한 최고 직원, 최고의 사회와 문화 분야에서의 자료 수집 및 장서 보관, 최고의 프로그램
- 모든 연령대가 올 수 있는 좋은 장소, 휴식을 취하거나 사람들을 만나는 최적의 장소
- 독특한 분위기, 역사적인 곳, 독창적인 위치, 혁신적

- 환상적인 도서관, 매우 혁신적이고 아름답고 독창적인 위치(감옥)
- 모두가 편안한 방식으로 책을 읽고 배우고 일하고 있음
- 훌륭하고 영감을 주는 자극적인 환경
- 아이들이 좋아하는 환경으로 책과 작업장에는 아이들을 위한 많은 오락과 학습 기회들이 넘침
- 노인과 젊은이들을 위한 많은 공간이자 도시의 매개공간(예전에는 책을 보러 갔지만 요즘에는 사람들을 만나러 가는 곳으로 바뀌었다.)
- 지역사회 내에서 가장 공공적인 장소
- 따뜻하지만 현대적인 인테리어와 외관
- 경계선 없는 카페로의 완벽한 전환·전이
- 학교와 지역사회의 소통과 협치가 잘 이루어지는 도서관
- 원래 형태의 레이아웃을 침해하지 않으면서도 역사적인 건물에 새로운 목적을 부여함
- 사람들이 편안하게 읽고 일하고 공부할 수 있는 즐거운 코너가 있는 곳
- 도서관과 케이터링 시설의 조합으로 친근하고 캐주얼한 분위기 제공
- 1층의 엔터테인먼트와 회의 장소 제공, 1인 기업 업무공간, 레스토랑, 창의적 기업과 게임 산업의 산실
- 요즘 도서관의 화두인 언어와 디지털 정보 제공
- 넉넉한 개관 시간(네덜란드 도서관 개관시간은 요일별로 다르고 한국에 비해 현저히 짧다)

　레이우아르던 도서관은 2018년 1월 개관 이래 가장 변화한 공공 장소로 바뀌었고 2019년까지 36만 명 이상의 방문자들이 있었다. 2019년 4월 16일에 올해 최고의 도서관으로 선정된 날 도서관 측에서는 방문객들에게 과자를 선물로 주었다.

도서관을 품은 블록하위스포르트

　기울어진 종탑 같아서 피사의 사탑에 견줄만한 역사적인 건물인 올드 후브Oldehove를 비롯한 역사적 가치가 높은 오래된 건물들이 있는 구도시 같은 이곳 레이우아르던 중심에는 문화적 유산인 블록하위스포르트Blokhuispoort가 있다. 도시 중심에 위치하고 운하를 끼고 있어 관문 같은 느낌도 든다. 이 건물의 원래 용도는 교도소였다. 이곳

블록하위스포르트 입구이다.

예술작품을 만들고 보관하고 전시하는 장소 아뜰리에.

은 정사각형 모양의 구조이며 가운데 안 뜰이 있다. 2007년 7월에 이곳에 마지막 수감자를 감금한 이후 2018년에 교도소를 폐쇄하고 레이우아르던 시에서는 블록하위스포르트를 복합문화단지로 조성한다. 블록하위스포르트 안에는 건물의 지리적 장점을 활용하여 문화비즈니스센터로 만들었다. 블록하위스포르트는 복합문화단지라고 이해하면 되겠다.

1877년부터 1948년까지 문화적 유산이었던 이 지구 안에는 레스토랑과 카페, 도서관, 호스텔이 공존한다. 또한 수많은 예술가들이 예술작품을 만들고 보관하고 전시하는 장소인 아뜰리에[Atelier] 공간도 있다. 혐오시설이라고 볼 수 있는 감옥을 개조하여 사람들을 끌어모으는 공공의 장소이자 복합문화단지라는 걸출한 일상 예술지로 만든 것이다.

이 외에도 네덜란드에는 혐오시설에서 잉여시설로 전락된 감옥을 다른 용도로 바꾼 업싸이클링 건축물이 여러 개 있다. 감옥을 호텔로 만든 것들이 대표적이다. 가장 유명한 암스테르담에서 꼭 방문해야 하는 곳 중의 하나이자 문화유산인 로이드 호텔LLoyd Hotel Culteral Embassy은 별도의 방문 견학 프로그램이 있는 감옥 호텔이다. 또한 디자이너스 아웃렛Designer's Outlet이 있는 남부 도시 루르몬트에 있는 헷 아레스트하위스Het Arresthuis 호텔은 중범죄자들을 수용했던 감옥의 105개의 감방을 변호사의 방, 간수의 방, 형무소장의 방 등 40여 개의 테마 객실로 바꾸어 운영하고 있는 인기 있는 호텔이다. 또한 무브먼트 호텔Movement Hotel이라는 팝업 호텔은 난민을 호텔 직원으로 기용하여 한시적으로 운영한 업싸이클링과 난민정책의 성공적인 협작이기도 하다. 이 무브먼트 호텔은 암스테르담에 소재한 바이엘메르바예스 감옥Bijlmerbajes prison을 호텔로 만든 좋은 사례이다.

네덜란드는 과거 건축물의 역사적 가치를 보존하면서 참신한 기획으로 현시대의 요구를 담아내는 업싸이클링 건축물이 많다. 리이우와르던 도서관의 가치는 도서관 본연의 가치를 초월한 그 이상의 역사적 기념물이 될 수밖에 없는 운명인 것 같다. 네덜란드인들이 감옥을 개조한 업싸이클링 건축물에 이식해 놓은 가치는 범죄자들을 대하는 네덜란드 정부의 철학과 상통한다. 즉 범죄자들의 갱생·정상화·존엄의 가치를 부여하고 실현하고자 한 것이다. 감옥

블록하위스포르트 마당

도서관의 묘미이다.

　도서관을 사랑하는, 도서관 주변에 사는 이웃들은 수없이 이곳을 드나들면서 자기 인생의 갱생과 정상화와 존엄을 업싸이클링 건축물을 바라보면서 체화되어 가는 것이다. 진정으로 슬기로운 감방생활이 현실화되는 마법의 공간이다. 미셸 푸코가 지적한 일괄 감시 체계의 대표적인 공간인 감옥을 정면으로 반박하는 공간이자 공공성의 상징인 도서관으로 만든다는 것은 획기적임을 넘어선 혁명 같은 것이다. 셀프 감시, 즉 자성의 공간으로 바꾼 것이다.

　책을 읽는 공간, 도서관을 찾아오는 사람들과의 만남과 교류를 통하여 자아가 무너지고 새로 생기는 자성의 공간. 그 자성의 공간이 도서관에서는 어떻게 마련되었는지 살펴본다.

　그중의 하나는 도서관 로비에서 2층으로 올라가는 선명한 주황색 계단이다. 다른 층과 다른 공간에는 기존의 감옥 계단을 그대로 두었지만 가장 핵심 공간에는 주황색 계단이 있다. 색채 심리학에서 주황색은 활력과 즐거움, 자유와 용기, 사교성의 의미를 가지고 있으며 창조적으로 보이고 싶으면 주황색을 사용하라고도 한다. 인도 승려들이 입는 오렌지색 승려복에 담긴 의미는 자아성찰이다. 독일 에센 지방에 있는 탄광을 박물관으로 만든 유명한 업싸이클링 건축물인 촐퍼라인에 설치된 강렬한 주황색 계단 역시 가볍게 넘기면 안 되는 장치이자 포인트 인테리어인 것이다.

　레이우아르던 도서관은 특별히 빈곤층에 대한 사회적 관심을 담아내어 도서관 프로그램으로 잘 구현한 것이 특징이다. 재정, 주택

문제에 어려움을 보이는 이들을 위한 상담이나 연결고리를 만들어 주는 부서가 도서관 안에 있다. 읽기와 쓰기에 어려움을 가진 이민자나 빈곤층을 위한 문해력 증진 프로그램을 도서관에서 주관하고 집행한다. 북스타트 코치가 언어능력 향상을 위해 지원해 주기도 한다. 어린이들이 글쓰기 프로그램에 참여하여 자신들의 책을 만들도록 도와주는 앱을 도서관에서 개발하여 서비스를 제공해준다. 또 하나 특이한 것은 이 도서관에는 씨앗도서관이 있다. 무료로 씨앗을 배급하는데 이를 대출이라고 명한다. 반납할 필요 없이 무료로 제공되는 씨앗이다. 무료로 제공 받는 이들의 자존심까지 배려한 감동시스템이다.

건축가 유현준은 건축물이 살아남기 위해 진화를 선택한 것이 업싸이클링 건축물이라고 보았다. 사실은 그 건물이 있는 지역사회 구성원들의 살아남기 위한 노력의 결과물이다. 공조체제인 것이다. 폐기 처분될 운명에서 좀 더 높은 가치와 의미를 부여받기 위한 절대 몸부림일 수 있다. 충분한 명분과 가치를 담은 체계적인 협력과 접근이 없으면 이루어지지 않는 거대한 일이다. 그중에서 가장 공공성이 두드러지는 도서관으로 리모델링한다는 것이 각자의 인생을 리모델링하는 것이라고 내심 그들은 받아들인 것이다.

프리슬란트 주의 시민들의 운명적 삶과도 무관하지 않다. 네덜란드 내의 다른 주에 사는 이들과 다르게 독자성이 두드러진 그들의 내면 깊은 곳에는 동시대에서 살아남아 진화하고자 하는 끊임없는 꿈틀거림과 생존본능이 있다고 볼 수 있다.

레이우아르던 도서관에 있는 주황색 중앙계단이다.

독일 업싸이클링 건축물인 촐퍼라인에 사용된 강렬한 주황색은 의미가 있는 포인트 인테리어 장치이다.

내 인생의 업싸이클링!

  기존의 나, 과거의 나로는 변화하는 지금의 시대에서 도태되거나 사라지기 쉬운 위기를 기회로 삼아 업싸이클링하는 것이다. 내 몸을 내 인생을 업싸이클링하도록 도전받게 하는 곳. 모든 이들이 자유롭게 넘나드는 공공도서관에서 물씬 자극받는 것이 얼마나 의미 있는 순간들인가?

  과거와 현재와 미래를 담아낸 이 업싸이클링 공간인 도서관에 머무는 지금 이 순간이 얼마나 행복한 현재인지를 과거와 미래가 조

우하는 현재를 재즈처럼 품어내는 지금 이 순간이야말로 기욤 뮈소가 말한 아름다운 순간인 일지도 모른다. 레이우아르던 도서관이 그런 행복을 연주하는 재즈바인 줄 예전엔 미처 몰랐다.

Part 2

일상을 예술처럼
살게 하는 도서관

library

01

텅 빈 공간 속에 창의성을 심어 놓은 에임란트 도서관

**미지의 공간 속에 무한한 생각과 여유를 붙들어 놓는
에임란트 도서관**

2014년 10월, 서울 광장에 시민 약 50여 명이 멍 때리기 대회에 참여했다. 언제나 시간에 쫓기듯 바쁘게 지내는 현대인들에게 "아무것도 하지 않는 것이 과연 시간낭비인가?"라는 물음은 참가자들과 참관자들 사이에 던져진 의제였다. 대회 중에 이루어지는 깨달음과 체험을 암묵적으로 교환하는 참여형 퍼포먼스는 여러 가지 반향을 일으켰다. 아무것도 하지 않는 상태를 오래 유지하는 사람이

승자가 되는 경기 규칙에 대한 매력 때문에 수많은 사람들이 멍 때리기 대회에 참여했고 해마다 이 대회는 규모가 커졌으며 국제적 대회로도 성장해갔다. 멍 때린 일상 가운데 위대한 만유인력 법칙을 발견한 뉴튼처럼 굳이 우리 일상에 유레카를 외치는 감격과 멍 때림의 보상이 즉각적으로 주어지지 않을지라도 이 대회에 참여한 사람들의 한결같은 마음은 승부욕을 넘어선 뇌휴식에 대한 갈망을 집단적으로 표출한 일종의 사건이다. 바쁨과 아무것도 하지 않음의 선명한 대조가 만들어 내는 통쾌한 뚫림이 제대로 드러났으니 말이다. 한편 대회를 바라보는 이들은 저마다의 멍 때림에 대한 의미를 찾고자 했고 유명한 뇌과학자의 연구 결과를 인용해가며 멍 때림의 효과에 대해 목소리를 내기 시작했다. 뇌 활동이 멈추고 아무 생각을 하지 않는 그 시간에만 작동하는 특정 부위 DMN^{Default Mode Network}이 뇌를 다시 건강하게 만든다는 것이다. 그래서 휴식을 취한 뇌가 창의적으로 변한다는 깨달음의 목소리를 냈다.

무용지용無用之用을 외친 장자의 가르침이 들리는가?

쓸모 없음의 쓸모 있음을 역설하기 위하여 장자가 인용한 우화가 있다.

옛날에 나무 네 그루가 모여 살았다. 그들은 저마다 자신이 최고라고 뽐냈다. 첫 번째 나무가 자랑한다. "나는 단단하고 몸통이 곧게 자라는 성질이 있기 때문에 최고급 가구를 만드는 목수들이 나

를 좋아하지." 두 번째 나무는 "나는 아주 맛있는 열매를 많이 맺기 때문에 어린아이들이 나를 아주 좋아하지"라며 으쓱한다. 세 번째 나무가 이에 질세라 뽐낸다. "나는 아주 향기로운 예쁜 꽃들을 많이 맺기 때문에 귀부인들이 나를 아주 사랑하지." 구석에 있던 네 번째 나무는 아무 자랑도 하지 못한다. 그도 그럴 것이 구불구불 자라고 껍질도 딱딱한 그 나무는 아무짝에도 쓸모가 없어 보인다. 저마다 자신이 얼마나 쓸모 있는지를 말하던 나무들은 사람들에 의해 하나 둘 베어졌다. 그리고 아무짝에도 쓸모없어 보이는 네 번째 나무만 덩그러니 남는다. 더운 여름이 오자 사람들은 이 나무 밑으로 모여들었다. 그리고 "아, 이 나무 그늘 정말 시원하다"라며 칭찬을 아끼지 않았다.

　쓸모 없는 멍 때림을 쓸모 있게 만드는 고품격 공간이 있다. 아무것도 안 하고 그저 멍 때리기만 해도 가슴이 벅차오르고 뭔가 대단한 것을 한 것 같은 마음이 절로 드는 곳이 있다. 사람들은 저마다 마음속 또는 추억 속에 치명적인 아름다움의 장소를 가지고 있다. 그곳은 가기만 해도 마음이 한없이 넓어지는 곳이다. 혼자만의 꿈꾸는 궁전이 있다. 그게 온 우주와 같은 드넓은 자연일 수도 있고, 화려함과 상상을 넘어서는 아름다운 건축물일 수도 있고, 감동과 감흥이 사라지지 않는 공연장이나 전시장일 수도 있다. 멍 때리고 싶도록 치명적이게 아름다운 장소를 여행길에서 만났다. 여행은 그래서 낯선 황홀경을 경험할 수 있는 최적의 수단이 되기도 한다.

아메르스포르트 시에서 도시의 중심인 광장에 네 개의 건물(도서관, 미술관, 아카이브, 예술학교)를 유기적으로 연결한 거대한 건물 공간을 마련했다.

암스테르담 운하만큼 아름다운 운하의 도시 위트레흐트 주^{Utrecht} 州에 위치한 아메르스포르트^{Amersfoort}는 네덜란드 중부에 위치한 중세 도시이며 교통의 요지이다. 세계적인 추상화가 피에트 몬드리안^{Piet Mondriaan}의 고향으로 알려진 아메르스포르트 시에서 신도시 개발 사업 중 하나로 광장 중심의 거대한 복합문화센터를 세우게 된다.

아메르스포르트 시에서 도시의 중심인 광장^{Eemplein}에 네 개의 건물(도서관^{Eemland}, 미술관^{Kunsthal Kade}, 아카이브^{Archief Eenland}, 예술학교^{Scholen in de Kunst: 춤, 음악, 시각미술 등})를 유기적으로 연결한 거대한 건물 공간을 마련했다. 복합문화센터 안에 혹은 광장에는 레스토랑, 카페, 상점이 서로 다른 흥미진진한 이야기를 주고받듯이 오밀조밀 모여 있다.

통창을 통해 바라보는 광장은
한마디로 파노라마 풍경처럼 근사함으로 다가온다.

에임하위스는 문화와 건축이 만나 일상이 이루어지는 현대적인 곳이다.

미술관 옆 도서관, 도서관 위 예술학교, 아카이브 옆 광장으로 구성된 거대 블록은 누가 뭐래도 진지하고 꽤 재미있는 호기심 천국이다. 그 일대 면적이 16,000평방미터 정도이니 이미 블록버스터급이자 마을 한 구역이 통째로 문화놀이터라고 볼 수도 있겠다.

복합문화센터인 에임하위스Eemhuis 안에 미술관, 아카이브, 도서관, 예술학교가 있다. 이 모든 것이 에임 광장 앞에 펼쳐져 있다. 네덜란드의 10대 아름다운 도서관 중의 하나로 알려져 있는 에임란트 도서관은 도서관 순례자들이 감동하는 예술적 성지이기도 하다. 이미 순례자의 도시라 명명된 아메르스포르트에 도서관 순례자들이 들려야 할 곳이 정해졌으니 행복한 발걸음이 될 것이며 안식처가 되기에 부족함이 없다.

건축의 공공성, 상업성, 문화성을 아우르는 건축 디자인으로 유명한 뉴틀링스 리다이크Neutelings Riedijk 건축사가 설계를 맡았으며, TU 델프트 공대 교수인 미힐 리다이크Michiel Riedijk 교수가 설계한 이 거대한 복합문화센터는 2014년에 완공된 세련된 건축미가 독보적인 도서관으로 도시생활에서 누릴 수 있는 모든 것을 담아낸 문화적 인프라가 구축된 곳이다. 미힐 리다이크 교수는 공공건물의 공공성과 공공 공간에 대한 철학을 가지고 앞서 말한 네 가지 공간의 공공성을 구현하고자 했다. 그는 공공으로 누리는 실내publiek interieur로써의 공간을 만들어 냈다. 그리고 이 도서관에서는 기존의 도서관의 역할과 기능에서 더 나아가 지역사회 내에서의 사회성 기능을 감당하는 곳으로 비공식 교육과 개별적 관심을 개발하는 장소로서의 도서관을 기획하고 구현했다.

미술관 옆 도서관이라는 별칭이 더 잘 어울리는 에임란트 도서관

한국에서 보지 못했던 라이언 맥긴리 전시를 에임하위스 미술관인 쿤스트할까데에서 관람했다. 자연스럽게 미술관 관람을 마치고 동선을 따라 미술관 카페에 가게 되었고 이어서 통로를 따라 들어가 보니 난생처음 경험한 새로운 도서관 풍경에 압도되었다. 이곳에 도서관이 있을 줄은 전혀 몰랐기에 충격적인 발견의 기쁨을 누렸다.

예술성과 현대성과 공공성이 자연스레 섞여 원래 하나였던 것이 나뉜 것 같은 공간은 에임란트 도서관의 특징이다.

라이언맥긴리 전시 중(2015년)인 쿤르트할까데.

　이 복합문화센터인 에임하위스는 전반적으로 연속성 있는 건물이며 층층이 이어지는 재미있는 구조 덕에 동선을 따라가다 만나는 낯선 풍경의 매력에 즐거워진다. 도서관 내부조차 사선을 따라 높아지는 계단식 구조라 가장 높은 곳의 계단에서 통창을 통해 바라보는 광장은 한마디로 파노라마 풍경처럼 근사함으로 다가온다. 도서관 맨 위층의 다락같은 공간은 예술학교이다. 연극과 무용, 시각예술, 음악 분야의 예술학교가 다락방 같은 곳에 위치하고 있다.
　에임하위스는 문화와 건축이 만나 일상이 이루어지는 현대적인 곳이다. 현대적인 문화 시설이 점점 도시화되어 가는 곳에서 필요한 공공 공간을 창출해낸 역작이다. 개별적 공간, 가족공간이 공공화되면서 확대된 곳이다.

미술관 내 카페.

도서관 전체 홀은 사선 오르막길로 되어 있어 계단 끝에 있는 통창에 보이는 광장에는 이웃들의 삶이 펼쳐진다. 도서관 맨 위층 의자에 앉아 시내 광장 보는 것은 정말 재미있는 놀거리이다.

네덜란드 도서관의 기본적 기능과 형태는 비슷하다. 각 도서관에서 내세우는 자랑거리도 비슷하다. 특히나 네덜란드에서는 올해의 최고 도서관으로 선정되든 안 되든 도서관 고유의 기능과 특징이 무시되는 곳은 단 한 군데도 없다. 이미 도서관의 수준이 어느 곳을 가더라도 평균 이상이다. 각 지역의 고유함과 특색을 살리고자 노력한 흔적이 두드러질수록 지역 도서관의 명성은 높다.

예술성과 현대성과 공공성이 자연스레 섞여 원래 하나였던 것이 나뉜 것 같은 공간은 에임란트 도서관의 특징이다. 그리고 무엇보

다 이 도서관의 가장 큰 외관적·내관적 특징은 높은 천장이다. 텅 빈 공간의 마력을 충분히 보여준 베를린 대학 도서관처럼, 슈투트가르트 시립도서관처럼 이 도서관에도 분명 그러한 공간의 매력이 빛나고 있다.

텅 빈 공간, 아무 기능도 할 것 같지 않은 잉여 공간에서 절로 점유되는 여유로움은 빼곡히 책으로 둘러싸인 도서관에서는 결코 맛볼 수 없는 진풍경이다. 바쁜 현대인에게 멈추어서 아무것도 하지 않는 멍 때림을 의도적으로 기획해 놓은 계산된 낭비공간이다.

도서관 내부조차 사선을 따라 높아지는 계단식 구조다.

도서관은 책으로 가득 차 있어야 한다.
하지만 책을 넘어선 무언가로 가득 채워질
쓸데없는 공간이 많이 있어야 하겠다.

스티브 잡스의 창고는 꽤 많이 대중들에게 알려졌다. 그로 인해 창고라는 공간이 주는 의미가 갱신되었다. 당장 필요가 없는 잡동사니 물품을 처박아 두는 보관장소나 커다란 물건이나 자동차를 두는 곳이 아닌 미래를 준비하고 만들어 내는 작업 공간으로서의 의미로 확장·변화되었다. 창의성의 아이콘인 스티브 잡스라면 어떤 도서관을 드나들었을까? 그는 과연 도서관을 사랑했을까?

"미국 미네소타대학 경영학과 조윤 메이어스 레비 교수는 2.4m, 2.7m, 3m의 천장이 있는 공간에서 시험을 치르게 했는데 3m 천장고에서 시험을 친 학생이 낮은 천장고의 학생보다 창의성 문제를 두 배나 더 많이 풀었다는 결과로 높은 천장이 있는 공간이 창

의력을 향상한다는 실험 결과를 발표했다. 우리 키보다 위로 기능 없이 비어 있는 공간이 우리에게 생각할 여유를 주기 때문이라고 보았다"

— 유현준, 《어디서 살 것인가》 중에서

도서관은 책으로 가득 차 있어야 한다. 하지만 책을 넘어선 무언가로 가득 채워질 쓸데없는 공간이 많이 있어야 하겠다. 유럽의 도서관 건축가들은 그것을 바라보고 이미 설계했는지도 모르겠다. 시대를 만들어 가고 공간을 창조해 가는 건축사상가와 건축 철학가들이 도서관을 설계했다는 것은 아주 중요한 업무상 비밀이다. 유럽 도서관은 장서보유량과 얼마나 가치 있는 고서를 보관하느냐가 그

도서관의 역사와 가치를 판단하는 근거가 되기도 하지만 도서관의 건축가가 누구인지 또한 중요한 판단의 근거가 되기도 한다. 도서관 운영철학이 고스란히 담겨 있어야 하기 때문이다.

상상력과 창의력을 꽂아둘 당장엔 쓸모 없는 공간이 우리가 드나드는 도서관에는 많이 구비되어야 한다. 사유하는 공간, 공감하는 공간, 비워서 채워지는 공간, 버려진 공간, 낭비되는 공간, 쓸데없이 비워진 공간, 건물마다 효용성이 높은 공간으로 꾸미면 더 좋지 않을까 아쉬움을 느끼게 하는 잉여 공간이 가득 차 있으면 더 좋다.

꼼꼼하게 공간 활용을 잘하고 알뜰하게 구석구석 뭔가를 채워 놓고 꾸며 놓은 것을 보며 만족감을 누리기 좋아하는 사람들에게 텅 빈 내부가 전부인 건물에서 느끼는 당혹감은 충격으로 다가올 것

인상파 화가들에게 큰 영향을 끼친 우키요에 작가의 작품을 포함한
여러 일본판화작품이 도서관 내 전시실에 비치되어 있다.

이다. 지금이야 워낙 많은 사람들이 유럽의 건축 명소를 많이 방문하고, 수많은 역사적·예술적 가치가 높은 성당이나 박물관 그리고 아름답다고 소문난 도서관 여행을 많이 다니게 되면서 텅 빈 공간에 대해 적어도 눈요기로서는 익숙한 모습이다. 하지만 불과 5-6년 전만 해도 빼곡하게 책장에 책이 가득하고 사무용 기기가 도서관 내부 인테리어를 차지하는 한국의 대다수 도서관의 모습에 익숙한 사람들이 유럽의 저명한 도서관을 보고 나면 언뜻 느끼는 소감들은 저 공간이 낭비된다는 것이었다. 실제로 아직까지도 실용성과 경제성에만 민첩한 사람들에게는 비어져 있는 공간에 대한 미련을 떨칠 수가 없다. 저 자리에 책장을 놓으면 장서 몇만 권이 더 들어갈 텐데라는 식으로.

　쉼과 여유를 누릴 수 있는 작은 쉼터 공간에 어여쁜 소파 하나 두고 근사한 장식물 하나 놓는 것에 별 의미를 못 느끼는 사람들에게는 튼튼하고 단순한 책상과 의자를 더 많이 비치해두어 많은 사람들이 이용할 수 있게 만들어야 한다. 공간을 잘 활용해야 한다가 제일 중요한 모토가 되어버린 사람들에게는 (수많은 중고등학생과 수험생들이 자리 맡으려고 안간힘을 쓰는 현실을 감안한다면 그들의 주장 또한 일리가 있다) 비워져 있는 공간은 국민의 혈세를 낭비하는 것이고 건축비용의 효용성을 깎는 손해 보는 행위일 것이다. 그런데 어쩌나! 유럽에서 아름답다고 소문난 수많은 도서관에는 이런 실용주의자들에게는 못마땅한 도서관들이 수두룩하다.

　베를린 훔볼드 대학교 도서관은 텅 빈 열람실 Lesesaal 내부를 설계해서 당선되었다. 슈투트가르트 시립도서관 역시 신전 같은 텅 빈 내부 공간이 핵심 공간이다. 도서관인지 성당인지 모를 수도원 도서관은 더할 나위 없이 아름답다. 이 도서관의 특징들은 하나같이 천정이 무척이나 높다. 실내가 아닌 실외처럼 드높은 천장과 드넓은 공간이 대부분이다.

도서관에서 이어진 아카이브

　다가오는 주말에는 문득 이 영화를 보고 싶다. 영화 '찬실이는 복도 많지'에서 오즈 야스지로의 영화가 심심하다는 혹평을 듣고 찬

텅 빈 공간에서 쓸모 없음을 제대로 누려보라고 말한다.
책장에 어여쁘게 꽂힌 책보다 더 많이 쌓인 텅 빔을 고르라고 한다.

실이는 이리 답한다.

"심심한 게 뭐 어때서요? 본래 별게 아닌 게 제일 소중한 거예요."

이미 예술가들은 쓸모 없음의 지극한 쓸모를 표현했고 아무것도 아닌 나 자신에 대한 극강의 쓸모를 확인하고 싶은 수많은 잉여 인간들은 인간다움을 구축하기 위한 삶의 절규를 드러내고 있었다. 각자 자기 방식대로. 관람하지 않아도 먹고사는 데 아무 지장이 없는 전시회에서 뜻밖의 발견을 하여 더 잘 먹고 잘 사는 사람들의 행렬에 서고 싶은 이들의 드러나지 않은 당당한 욕망을 표현했다.

놀랍지만 에임란트 도서관은 그런 도서관으로 에임 광장에 우뚝 서있다. 멍 때림을 품격 있게 경험하라고 외친다. 이곳에서 별게 아닌 텅 빈 공간에서 쓸모 없음을 제대로 누려보라고 말한다. 책장에 어여쁘게 꽂힌 책 보다 더 많이 쌓인 텅 빔을 고르라고 한다.

혹시 마법 같은 일이 일어날 수도 있지 않은가? 애플 아이폰의 터치 방식은 가히 혁명적이었으나 알라딘이 요술램프를 문지르는 그 촉감과 심리를 반영한 기획 아이디어라고도 말한다. 스티브 잡스는 인문학에 관심이 깊고 예술과 디자인에 대한 깊은 조예가 있으며 생각을 마음껏 펼칠 수 있는 열린 공간에서의 작업을 사랑한다.

에임란트 도시관 즉 에임하위스는 스티브 잡스가 살아있었다면 필히 좋아한 나머지 매일 드나들지 않았을까 싶은 멋진 도서관이다. 이 도서관에서 온종일 멍 때리다가 벽에 있는 깨끗한 통창을 문지르다 보면 뭔가 기막힌 생각이 새로운 세계로 날 이끌어줄 것만 같다. 마법의 융탄자에 올라탄 채로.

그는 도처에서
아무것도 아닌 것에서 항상 의미를 만들어 내며,
이 의미가 그를 전율케 한다. 그는 의미의 도가니 안에 있다.

― 롤랑 바르트 《사랑의 단상》 중에서

복합문화공간의 효시
로테르담 도서관

퐁피두센터를 닮은 아름다운 도서관

1983년 당시 유럽에서 가장 큰 도서관이 로테르담에 들어섰다 (1977년에 설계하고 완공된 이후 입주). 로테르담은 1945년에 완전히 폐허가 된 도시다. 제2차 세계대전 당시 독일의 침공으로 대부분의 시설들이 파괴되었고 연합군의 공격과 후퇴하는 독일군의 반격으로 인해 로테르담 시(市)는 이전 모습을 전부 잃게 되었다. 다행히 20세기 초에 지어진 로테르담 시청사는 남아있지만 건물 외벽에는 총탄이 박힌 자국이 그대로 남아 있어 역사를 고증하고 있다. 이러한

1983년 당시 유럽에서 가장 큰 도서관이 들어선 로테르담의 새로운 명소 마르크트할.

배경 속에 로테르담은 새로운 도시 건설이라는 숙명적인 작업에 착수하게 된다.

  로테르담은 유럽 제일의 항구도시임과 동시에 네덜란드에서 첨단의 건축물이 밀집되어 있는 건축도시이다. 건축을 전공한 사람들의 버킷리스트 방문지 1순위이기도 한 로테르담에는 실험적이고 과감한 형식의 건물과 건축회사, 건축물, 미술관들이 곳곳에 있다. 그렇게 로테르담은 새로운 도시 색을 머금으며 성장하고 있었다.

  이 새로움으로 가득한 도시에 로테르담을 대표할 중앙도서관이 사람들의 발걸음을 가장 많이 잡아끄는 핫스팟에 위치한 것은 우연

로테르담 도서관은 건축미뿐 아니라 내부 인테리어와 가구 배치, 무엇보다 도서관을 대하는 철학이 시대를 앞서간 것에 그치지 않고 시대를 이끌어가는 선도적 역할을 한다.

이 아니다. 치밀한 도시계획과 혁신적인 행정력, 건축가를 중심으로 문화예술인과 함께 꿈을 구현해가는 과정에 만들어진 거대 합작품 중의 하나가 도서관이었던 것을 마음에 새길 필요가 있다.

야프 바케마Jaap Bakema 델프트 공대 교수와 로테르담 재건에 큰 역할을 한 건축가 조 반 덴 브룩Jo van den Broek이 함께 만든 건축회사 반 덴 브룩과 바케마Van den Broek & Bekema에서 설계한 이 도서관은 외양이 프랑스 파리에 위치한 퐁피두센터와 비슷하다 하여 한동안 논란이 있기도 했다. 지금은 퐁피두센터에 비유되는 정도에 그친다. 자그마치 30여 년 전에 이러한 획기적인 도서관이 들어선 것에 대한 긍정적 평가가 더 크기 때문이다. 건축미뿐 아니라 도서관 내부 인테리어와 가구 배치, 무엇보다 도서관을 대하는 철학이 시대를 앞서간 것에 그치지 않고 시대를 이끌어가는 선도적 역할을 하기 때문이다. 로테르담 중앙도서관은 요즘에도 21세기의 미래지향적인 도서관의 모범적인 실례로 꼽힌다. 안타깝지만 우리나라의 공공도서관 대부분인 운영자 중심, 행정편의적 설계가 주를 이루는 것과 대조적이다. 최근 들어서 시험적인 도서관이 속속 건립된다는 반가운 소식을 들을 수 있어 감사하다. 로테르담 시내에는 중앙도서관 이외 스물세 개의 작은 도서관이 있다. 큰 집을 가운데 두고 작은 집들이 듬성듬성 있는 셈이다. 이쯤 되면 도서관은 정겨운 이웃이라는 한 울타리 속에 놓여있음이 분명하다.

지역사회 복합 문화공간으로서의 도서관

겉모습부터 도서관에 대한 고정관념을 철저히 무너뜨린다. 어느 건축가의 멋진 작품이려니 하는 호기심에 이끌려 들어온 이들은 이곳이 도서관이라는 것을 인식하기까지 꽤나 시간이 걸린다. 분명 책을 대여하고 반납하는 시스템은 있으나 넓은 로비와 각종 문화적 인프라를 갖춘 이곳의 공간 활용도를 살피다 보면 도서관 그 이상의 공간임을 먼저 자각하게 된다. 그렇다. 이곳은 도서관을 품은 복합 문화공간인 것이다. 해마다 300만 명 이상의 방문자들 역시 그러한 느낌을 받았으리라.

총 6층의 24,000m²의 공간과 보유 도서 100만 권 이상, 소장 잡지 및 신문과 CD류 가짓수는 1천 500개, 100여 종이 있다. 동시에

179명을 수용할 수 있는 극장, 각각의 특색 있는 공간^{room}이 열두 개이다.

  층마다 안내 데스크가 있어 책에 관한 안내뿐 아니라 도서관 내 이용시설에 대한 친절한 도움을 제공하는 서비스도 있다. 중앙의 에스컬레이터와 산뜻하고도 감각적인 조명과 인테리어를 보면 흡사 멀티플렉스에 와 있는 착각을 하게 된다. 게다가 극장까지 있어 그곳에서 영화도 감상하고, 전시회도 감상하고, 때론 음악회까지 시즌마다 내부 인테리어를 조금씩 바꾸어 가는 부지런함도 보여준다. 손님들이 한결같은 아늑함을 느끼게 해주는 동시에 작은 변화를 주어 늘 신선한 장소라는 느낌을 선사해 준다.

  게임을 즐기는 청소년들을 위하여 게임대회를 안내해 주고 심

다양한 문화적 인프라가 잘 구축되어 있어 오늘날 복합문화공간의 모델로 존해해 왔다.

심찮게 상금도 수여해 준다니 그야말로 이벤트 천국이다. 이 도서관에서 가장 큰 행사는 '어린이와 애독지를 위한 책 축제 Boekenweek, het Kinderboekenweekfeest en het Lezersfeest'이다. 게다가 네덜란드에서 2016년은 책의 해로 선정하여 올해의 책 축제는 정말 축제일 것 같다. 종종 책장터, 책벼룩시장이 열리기도 한다.

  이 도서관에서 누릴 수 있는 문화적 혜택이 특정 계층에 집중된 것이 아니라 원하는 이들 누구나 즐길 수 있는 개방적인 문화공간이라는 것이 매력적이다. 심지어 일시적 방문객인 관광객에게까지, 더 나아가서 노숙자까지도 충분히 즐길 수 있을 개방적인 문화공간이다.

중앙의 에스컬레이터와 산뜻하고도 감각적인 조명과 인테리어를 보면 흡사 멀티플렉스에 와 있는 착각을 하게 된다.

일상을 예술로 만드는 공유된 꿈 공작소

어찌하여 카페보다 아름다울 수가 있는지! 책을 보는 풍경은 차라리 예술에 가깝다. 아이들이 옹기종기 모여 아웅다웅하며 책을 가지고 노는 모습조차 꿈을 가진 이들의 꿈틀거림으로 보이니 말이다. 무질서하게 꾸며진 공간 같지만 하나하나 의미 있게 디자인된 공간이고 배치이다. 동선거리나 이용자의 편의성 측면에서 보아도 자연스러운 일상의 흐름을 따라간다. 책을 보다가 하늘이 보고 싶어서 눈을 들어 바라보면 커다란 유리창을 통해 바깥세상을 바라볼 수 있고, 잠시 차 한 잔을 하고 싶다면 테라스로 나가서 느긋하게 찻잔을 들고 있으면 되고, 음악을 듣고 싶다면 아무도 방해받지 않는 부스에 들어가 혼자만의 음악 감상 시간을 가지면 되고, 쉬고 싶다면 어디 구석에 널브러져 있는 안락한 소파에 누워 있으면 된다. 누구도 개의치 않는다. 한 사람 한 사람의 개성과 의도가 살아나는 공간이기 때문이다. 그림을 그리고 싶다면 낙서판처럼 꾸며진 책상으로 가면 된다. 신문을 보고 싶다면 신문을 보고, 체스를 두고 싶다면 처음 만나는 사람과 기꺼이 게임을 하면 된다.

집에서 일상으로 보내는 평범한 일들을 이토록 아름답게 꾸며진 도서관 내에서는 도서관 CF를 찍는 배우로 연기할 수 있다. 공간의 변화가 일상을 예술로 만들어 준다. 그것도 나 혼자가 아닌 한 개인과 한 개인이 모인 다수가 함께 비슷한 꿈을 꾸고 만들어가며 공동의 안도감을 가진다. 장소 하나 바뀌었을 뿐인데… 사소하지만 사소하지 않은 변화 하나가 우리네 삶의 수준을 높여준다. 삶의 질이

다 같이 높아지는 문화복지가 펼쳐지는 꿈을 자신도 모르는 사이에 꾸고 있는 공간이다. 개방된 시간에는 언제든지 누구든지 도서관에 들어와 음악과 영화 감상 가능하며 음악 작업도 할 수 있다. 도서관 로비에 설치된 대형 체스판도 편안하게 즐길 수 있는 영상 자료실도 있다.

도서관에서 노는 이 아이들에게 미래를 묻는 것은 실례가 아닐까?

옥의 티라고 할까? 이 도서관의 화장실은 유료다. 컴퓨터를 이용

하려면 회원이 되어야 한다. 책을 대출하려면 로테르담 시민이어야 한다. 연간 이용료를 지불하고 도서관 카드를 만들어야 한다. 물론 자유열람은 언제든지 누구든지 가능하다. 그런데 아이들은 이용료를 지불하지 않고 도서관 카드를 만들 수 있다. 어린이들을 위한 국가의 지극한 배려이자 값진 투자인 것이다. 어린이들은 최상의 서비스와 수준의 책과 문화를 경험할 수 있다. 게다가 사서들은 얼마나 친절한지 권위적인 모습이 없다. 모두들 책 읽어주는 다정한 할머니 같다.

오직 '정숙'을 외치는 한국의 많은 도서관과는 판이하게 다르다. 옆 사람에게 크게 지장을 주지 않는 한도 내에서 아이들은 뛰어다

도서관 로비에 설치된 대형 체스판에서 체스를 두고 있는 사람들.

니며 책과 함께 뒹굴고 논다. 책을 보면서 스스로 동화구연을 하거나 놀이를 하고 인형극장에서 셀프 공연을 할 수 있는 장비들이 구비되어 있다. 누워서 책 읽는 아이들, 헤드셋을 끼고 동화 CD를 보는 아이들이 있다. 아이들을 데려온 부모들도 무질서하게 보일 만큼 자유분방하게 아이들에게 책을 읽어준다. 여기서는 정숙하다는 것이 불가능하다. 소곤대는 소리가 더 정겹다. 오늘날 카페를 찾는 이들이 좋아한다는 백색소음이다. 2층 전체가 어린이도서 층이라 곳곳마다 동화마을로 꾸며져 있다. 심지어 책장 사이에서 숨바꼭질을 할 수 있는 구조로 되어 있다.

어린이책이 있는 층에는 어른들도 많다. 네덜란드에는 이민자들이 많기 때문에 여러 다른 나라 사람들이 많다. 이들은 어릴 때부터 다양함을 체득하게 된다. 뛰어난 감각을 보여주는 인테리어를 보면서 디자인을 배운다. 친절한 사서와 어린이를 위한 정책을 몸소 경험하면서 이들은 행정과 정치를 배운다. 그리고 온몸으로 책을 본다. 그들에게 미래를 질문하는 것은 섣부르고 편협하게 행하는 결례일 것 같다. 그저 기대만 하면 될 것을.

영아부터 노인까지 행복한 나라를 함께 만들어가는 어울림

네덜란드에는 400여 개에 이르는 박물관이 있다. 박물관에 가면 관람객의 삼분의 일은 노인들이다. 그들은 노년에 문화를 제대로 즐긴다. 요트를 가지고 여행하는 것이 노년의 로망이라고 심심찮게

2층 전체가 어린이도서 층이라 곳곳마다 동화 마을로 꾸며져 있다.

아이들을 데려온 부모들도 무질서하게 보일 만큼 자유분방하게 아이들에게 책을 읽어준다.

말하는 이들이 많다. 네덜란드는 사회민주주의 국가이다. 복지 수준은 이미 알려진 대로 모든 이들이 꿈꾸는 북유럽 복지 수준에 가깝다. 정확한 숫자는 모르겠지만 박물관에 버금가는 도서관이 마을 곳곳마다 있다.

박물관과 도서관에서 노인들이 하릴없이 시간을 허비하며 보내는 것이 아니라 진심으로 즐기는 분들을 수없이 많이 보아왔다. 어릴 때부터 17세기 황금기 미술을 숱하게 접해온 수준 높은 할머니 할아버지들이기에 미술관에서 감상하는 태도 역시 진중하다. 전 연령대가 즐길 수 있는 곳이다. 하물며 도서관에서라… 도서관이 화랑 같고 미술관 같은 곳이 이 나라에는 얼마나 많은지 모른다. 도서관에서 할아버지, 할머니들이 책을 읽고 신문을 보고 영화를 감상

옥의 티라고 할까? 이 도서관의 화장실은 유료다.

하는 모습이 지극히 대중적인 풍경이다. 그들의 얼굴에는 여유로움만 묻어나 있을 뿐이다. 아이들과도 친구가 되어주시는 분들.

창의적 접근성이 가져온 즐거운 파장

나도 꽤나 책을 좋아하여 책이 있는 곳으로 자연스럽게 찾아간다. 그런데 도서관에 대한 추억은 한결같다. 시험 공부하러 새벽같이 가서 줄 서서 들어가고 가끔 졸다가 나오기도 했다. 도서관에서 책을 빌려보고 읽은 기억보다 시험 공부하러 간 것이 대부분이다. 도서관이 아니라 독서실로 이용한 것이다. 그러기에 도서관은 공부

하기 좋은 한적한 곳, 아무나 쉽게 가기 어려운 외진 곳이 대부분이었다. 후에 논문을 쓸 때 자료 찾느라 가 본 국회도서관에서 그 권위에 압도되어 스스로 삼가는 마음을 가지게 된 것도 일종의 추억이라면 추억일까. 도서관에 대한 장소적 개념은 네덜란드 도서관에 다니면서 새로워졌다.

이 도서관은 누구나 쉽게 드나드는 문턱에 자리한다. 시끌벅적한

도서관이 화랑 같고 미술관 같은 곳이 네덜란드에는 얼마나 많은지 모른다.

시장통에 있다. 게다가 도서관 앞에는 매주말 장터가 열린다. 북새통을 이루는 곳이다. 진정한 '북book새통'이다. 시장과 도서관의 경계가 모호하다. 시장가는 길에 들려서 책을 읽다가 바람 쐬러 쇼핑하는 것이 전혀 이상하지 않다. 벽이 허물어지는 위치다. 시장에서 떠들다가 도서관에서 갑자기 침묵하는 것이 아니라 여기서도 떠들고 저기서도 떠들 수 있는 편안한 장소다. 지식과 삶이 하나가 되는 곳

이다. 경계가 중첩되어 있음으로 삶의 전반적인 문화가 녹아져 있기를 바라는 문화융합적인 공간이다.

블락Blaak역은 로테르담에서 가장 사람들이 많이 모이는 핫플레이스다. 큐브하우스를 보러 오는 사람들, 장터에 오는 상인들, 소비자들, 마르크탈에 오는 관광객들… 가장 복잡한 곳인 시내의 중심에 도서관을 지은 발상이 그저 놀랍다. 그렇게 오다가다 들려야 하는 곳이 도서관이어야 한다는 뜻이다. 문턱을 낮춘 것이다. 누구나 지식을 소유하고 정보를 공유하고 문화를 만들어 가야 할 지향점을 보여주는 전략적인 장소다. 책을 매개로 한 소통이 이루어지기를 의도한 것이다. 로테르담은 과거보다 현재가 부각되는 도시다. 미래에는 바로 이러한 문화가 이루어질 것을 예견한 것이다.

지식의 벽을 허무는 장. 지식을 독과점 하는 것이 아니라 공유하고 나누어 상생의 길로 나가자고 소리 없이 외친다. 누구에게나 열린 공간이자 쉼터가 되고 놀이터가 되어야 하는 곳. 심지어 관광객

에게까지도 소통에 합류하게 만드는 뿌리 깊은 네덜란드의 관용주의가 낳은 산물이기도 하다.

행복을 함께 일구어가는 이들의 다 같이 한 걸음

평생교육lifelong education이 이루어져야 하는 곳은 도서관이어야 하겠다. 물론 가정 학교 사회가 정답이지만, 이것을 아우르는 개념으로 도서관이어야 하겠다. 책만 보는 바보가 아니라 책을 향유하고 나누는 곳. 그래서 지식으로 다른 사람을 지배하지 않는 것. 오히려 나누어 줌으로 더 풍성해지는. 그래서 새로운 지식과 지혜를 키워가는 참지식인. 그게 책을 사랑하는 사람들일 것 같다. 우리 아이들이 그런 참 지식인이 될 수 있기를 바란다. 반드시 그러해야 한다. 아이들이 이렇게 훌륭한 도서관을 이용한 복을 나누어 주어야 한다. 도서관에 대한 아이들의 눈만 높아지는 것이 아니라 아이들의 행동 수준도 고결해져야 할 것이다. 지금은 다른 아이들처럼 도서관에서 뒹굴지라도.

나는 혼자만 행복하기를 원하지 않는다. 나만 행복하고 다른 사람이 행복하지 않으면 그건 비극이고, 슬픔이다. 내가 조금 덜 행복하더라도 이웃이 행복하다면 내 행복도 커지게 된다. 어린이도 노인도 모두 자기 방식대로 삶의 여유를 누리며 행복을 함께 일구어가는 것이 진심으로 부럽다. 우리나라 사람들도 그러기를 바라는 마음이 간절했기 때문일까. 어린이들은 학원에 다니느라 바쁘고,

노인들은 외로움에 힘들어하는 한국의 현실에 안타까운 마음에서였을까. 앞서가는 사람이 조금만 속도를 늦추어 주면 다 같이 함께 갈 수 있음은 이론상 가능하다. 그것을 현실화시키려면 각오해야 할 것이 너무 많다. 우리들끼리부터 시작하면 될 것이다.

지식문화복지는 인생의 심미안을 가꾸는 곳

인생의 아름다움만 보고 살 수 없다. 그것은 반쪽짜리 아름다움일 것이다. 아름다움 속에 숨어있는 추함도 끌어안아야 하고 추함 속에 움트는 아름다움도 품어야 한다. 세상을 보는 눈은 깊고 정확하되 그것을 펼쳐나갈 때는 넓게 나갔으면 좋겠다. 도서관이 변하

고 있다. 세상이 변하고 있다는 것이다. 아무리 전자책이 흥행하여도 종이책을 대치하지는 못할 것이다. 아이들의 마음속 도서관이 무럭무럭 자랐으면 좋겠다. 우리가 함께 도서관 놀이를 했던 이곳에서의 추억이 아이들 마음속의 도서관을 크게 만드는 자양분이 되었기를 바란다. 다른 사람이 마음속의 도서관에 들어오려고 할 때 누구나 이용할 수 있도록 아이들의 마음속 도서관에는 귀하고 아름답고 가치 있는 장서를 한가득 보유하고 있어야 한다. 많은 이용객이 만족해하는 그런 도서관.

자! 이제 엄마인 나는 기초 공사하려고 한다. 꿈의 도서관 설계도를 그리는 것으로 시작!

호텔보다 더 호텔같은
알메러 신 공공도서관

도서관의 개념을 바꾸고 새로운 역사를 쓰는 알메러 신 공공도서관

여기가 호텔이 아니라 도서관이라고? 살다보니 이렇게 근사한 도서관은 처음 보는 것 같다. 이미 훌륭한 네덜란드 도서관을 많이 경험했음에도 불구하고 지역의 명물인 도서관을 대할 때 새롭게 느끼는 버릇 같은 감동이다. 각 지역의 특색을 살린 차별적 운영으로 그 도서관의 매력을 알아가기 전에 도서관 건축물을 보는 순간 잊지 못할 첫인상을 가지게 된다. 도서관 로비에 들어서자마자 "이렇게 멋진 곳이 있나? 와~ 진짜 멋지다! 건물 자체가 예술이다!"라는

> - 2010년 11월 건축가 Meyer en Van Schooten이 수상
> - 2010년 11월 건축 인테리어, 디자인 수상
> - 2010년 12월 올해의 최고 도서관 수상 Beste Bibliotheek van Nederland

〈알메러 신 공공도서관 수상 실적〉

말을 녹음된 테이프를 틀어놓은 것처럼 반복적으로 외치게 된다. 이는 나와 아이들만 느끼는 것이 결코 아니다. 알메러 신 공공도서관 De Nieuwe Bibliotheek van Almere에 대한 객관적이고 공신력 있는 기관에서의 평가에 따른 수상실적이 그 사실을 증명한다.

알메러 역 Almere Centraal에서 중심가를 따라 걷다 보면 수많은 상점을 지나치게 된다. 패스트푸드점, 꽃가게, 카페, 유명 패션의류숍들을 지나가다 보면 눈에 띄는 커다란 건물이 있다. 보기에도 시원스레 생긴 청량감 넘치는 건물이 우뚝 서있다. 사방이 콘크리트 벽으로 둘러싸인 답답함이 절대 느껴지지 않는 외양이다. 푸른빛의 유리와 세련된 회색빛의 조화를 보이는 이 건물은 쭉 뻗은 모양새만큼이나 보는 이로 하여금 시원한 기분을 준다. 도서관 현관에 들어서자마자 나올 때까지 유쾌함이 지속된다는 것이 알메러 신 공공도서관을 방문한 보람이자 소감이다.

도서관 현관에서 마주하는 남보랏빛의 책장과 크나 큰 러그를 깔아 놓은 개성 있는 인테리어를 보면서 도서관이 아닌 디자인 호텔을 찾아들어온 것은 아닌가 하는 혼돈이 온다. 똑같은 것이 하나도 없는 스탠드와 각종 데코들, 각 공간마다 어울리게 비치해 둔 소파

푸른 파도가 넘실거리듯 출렁거리는 물결모양의 책장은 보는 이의 마음까지 출렁거리게 한다.

와 의자들, 책장과 책꽂이 자체도 일렬종대나 일렬횡대 아니면 규격을 갖춘 네모난 모양이 아니다. 푸른 파도가 넘실거리듯 출렁거리는 물결모양의 책장은 보는 이의 마음까지 출렁거리게 한다. 낮은 계단을 하나씩 오르면서 인테리어를 하나하나 살핀다. 한편으로는 유리창 밖으로 펼쳐지는 바깥 풍경에 시선이 머문다. 그러다 두 갈래로 나뉜 도서관 건물 사이 중앙에 위치한 비밀정원에 달려가고 싶은 마음이 든다. 도서관에서 품으면 안 될 것 같은 행복한 조바심이 생긴다. 책부터 고를까? 이 안락한 의자에 앉아 음악을 들을까?

유리벽 사이 비밀 정원은 햇빛과 바람을 모두 느낄 수 있는 공간이다.

아니면 정원에서 차 한 잔부터 마시고 시작할까? 유리벽 사이 비밀 정원은 햇빛과 바람을 모두 느낄 수 있는 공간이다.

알메러 신 공공도서관은 책을 인테리어로 삼은 고급 백화점이나 호텔이라 보는 게 적당한 표현 같다. 각 층마다 도서관 사서들이 친절하게 도와주고 층별 안내와 서비스를 안내하는 안내판마저 하나의 작품이니 말이다. 외양만 화려한 것이 아니기 때문에 더더욱 이 도서관의 가치는 드높아져 간다.

알메러 시에는 약 20만 시민이 거주하고 있다. 그중 32퍼센트가 도서관 회원증을 소지하고 있다. 꽤 높은 비율이다. 물론 회원증이 없어도 대출을 제외한 도서관 이용은 가능하다. 도서관 카드 발급 비용은 어린이와 학생은 무료이고, 성인은 연간 회비를 납부한다.

도서관 카드 소지자에 한하여 책과 CD, 때로는 미술품도 대여해준다. 어린이에게는 그야말로 도서관이 천국인 셈이다. 무상복지 무상교육이 절대적으로 실현되는 장소 중의 하나이다.

알메러 신 공공도서관이 보유한 책은 무려 3만여 권이다. 여기에 CD와 DVD, 오디오북, 컴퓨터 게임, 읽기 도구, 전자책, 신문과 잡지들을 포함하면 어마어마한 장서들을 보유하고 있는 것이다. 주변 카페보다 저렴한 비용으로 커피와 차를 즐길 수 있고 무료로 와

알메르 신 공공도서관이 보유한 책은 무려 3만여 권이다.

이파이를 이용할 수 있으며 청결한 화장실을 이용할 수 있다는 것만으로도 지역사회 주민들에게 그리고 이 지역 방문자에게 충분히 매력을 안겨 준다. 사람들은 이 멋진 건물에 들어온 김에 쉬고, 쉬는 동안 새로 들어온 책이 있나 살펴보고, 요즘의 화젯거리는 무엇인가 하며 신문도 들추어 본다. 최신 유행 판도를 파악하기 위해 잡지도 넘겨보는 이런 일상 가운데의 가벼운 책읽기는 물론 깊이 있는

알메르 신 공공도서관 외관이다.

독서생활까지 부담 없이 고급스러운 호텔에서 지적인 문화생활을 한다는 것은 자칫 사치로 보일 수도 있겠다. 이렇게 근사한 도서관을 옆집 드나들듯 다녀보지 못한 우리에게는.

이 도서관은 플러스 도서관PlusBibliotheek이라고 부른다. 보유한 장서와 도서관 서비스 수준이 높다는 뜻이다. 도서관 이용을 하면서 2퍼센트가 부족하다고 느끼는 것이 아니라 뭔가 기대 이상의 만족감으로 도서관에서 시간을 보낸다는 의미이기도 하다. 난독증을 가진 어린이나 성인들을 위한 컴퓨터 보조 프로그램이 있고, 어린이들을 위한 정기적인 프로그램이 월별·주별로 마련되어 있다. 주말을 이용하여 신청자에 한하여 생일파티 프로그램도 진행한다. 학회 회원

이나 대학생들이 프리젠테이션을 하거나 세미나를 하려고 할 때 극장 또는 세미나실을 대여해주기도 한다.

   무늬만 도서관이지 이곳에서의 활동은 우리가 필요로 하고 상상할 수 있는 모든 생활편의와 복지가 실현되는 꿈의 장소이다. 그것도 공공도서관이기에 공공복지로 이루어진다. 시장을 오가는 사람들의 자연스러운 흐름을 잠시 잡아주고 그 흐름의 유통을 더욱 품격 있게 도와주는 문화생활의 허브로서 알메러 신 공공도서관의 역할은 커지고 있다.

도서관은 도시의 숲이다

일상 속 얼룩진 마음이 초록 숲의 신선한 공기로 상쾌해지듯 갓 볶아진 커피 향이 도서관을 찾아온 사람들의 지친 마음을 새롭게 한다. 게다가 도서관 안에 감쪽같이 존재하는 정원에서 차 한 잔을 즐기는 시간은 여느 호텔에서의 시간보다 더 근사하다. 장시간 시간을 내어 여행을 하지 못하는 이들이 종종 호텔에서 여가를 즐기고 호텔 내에 있는 수영장, 피트니스센터, 볼링장, 레스토랑, 카페 등을 이용하면서 바캉스를 누리듯 이곳을 드나드는 이들은 부담 없이 언제나 호텔 바캉스를 누린다. 호사도 그런 호사가 없다. 여기서 누리는 모든 서비스가 게다가 무상이니 이보다 더한 휴가가 어디

크나 큰 러그를 깔아 놓은 개성 있는 인테리어는
도서관이 아닌 디자인 호텔에 찾아들어온 것 같은
착각을 불러 일으킨다.

있을까?

　도서관 앞 광장에서 주말마다 혹은 일주일에 몇 번씩 장터가 열린다. 사람들이 수시로 드나드는 길목에 위치하고 있다. 날마다 필요한 생필품을 사는 상점이 몰려있는 곳이다. 그렇기 때문에 언제나 마음 내킬 때마다 혹은 발걸음이 닿는 대로 드나들 수 있는 친근한 장소이다. 단지 동네 사랑방이 너무나도 근사해서 처음 들어설 때 마음이 움찔해질 뿐이다. 왕래가 익숙해지면 고급문화를 일상에 끌어당겨 삶의 질을 높여주는 꿈의 도서관이 바로 이곳이다.

　그저 부럽기만 한 그들의 일상이다. 실제로 네덜란드의 지역 도서관에서 책을 대여할 때 책이 부족하여 안타까워한 경우는 별로 없었다. 책은 언제나 넉넉했고, 자료도 풍부했다. 비록 인기도서는 바로바로 대출할 수는 없었지만 그밖의 다른 선택권이 너무 많다. 도서관 공간은 언제나 넓었다. 충분히 자기만의 시간과 공간을 가질만한 여유가 넘쳤다. 공부를 하던, 책을 읽던, 잠을 자던, 커피를 마시던, 컴퓨터 게임을 하던 그건 전적으로 개인의 사생활이지 도

서관에서 간섭하는 일이 아니었다. 통제와 제재가 없는 곳에서 자유로운 자가 통제가 자연스럽게 이루어지고 있다는 의미이다. 크게 결례를 행하는 이들이 없다. 암묵적으로 서로 간의 기본적인 신뢰가 자리하고 있다. 행여 너무 소란을 피우는 아이가 있다면 살짝 눈짓을 하거나 조용히 사서가 다가가 노는 법을 알려 주거나 책을 보는 곳으로 안내를 해준다. 강압적이지 않다. 권위적이지도 않다. 마치 5성급 호텔에 들어온 투숙객을 향하여 호텔 직원이 조심스럽게 다가가 고객이 원하는 서비스를 정중하게 제공해 주는듯하다. 알미르 신 공공도서관에서 나오는 순간 만화가이자 건축가인 주르트 스와트Joost Swarte가 이 공공도서관을 왜 호텔 라운지로 비유했는지 공감하게 될 것이다.

도심 속 호텔에 놀러 온 기분이라며 도서관이 문을 닫는 시간까지 책을 읽으며 놀고 즐기던 아이들의 모습이 눈에 선하다. 일상을 여유롭게 품격 있게 보내기에 도서관만한 곳이 없는 것 같다. 이 사실을 힘주어 설명하지 않아도 그저 발길 닿는 대로 도서관에 들어

가 자리 잡고 능숙하게 도서관에서의 여유를 누리는 그 인생이 귀하다. 먼 훗날 아이들이 이렇게 아무런 걱정 근심 없이 책 여행을 떠난 것에 대한 그리움과 향수를 느낄 날이 오겠지? 너무나 바쁜 현대생활에서 한 모금의 차 한 잔을 나눌 사람과 시간조차 마땅치 않을 때 스쳐 지나가는 영화 자막처럼 이 도서관에서의 추억이 아이들에게는 살아갈 용기를 줄 것이다.

04

공공예술로서의
슈투트가르트 시립도서관

공공예술로서의 도서관을 찬미하다

도서관이 우주의 모델이라면, 우리는 도서관이 인간에 맞는 우주가 되도록 만들어야 합니다. 다시 말하면, 사람들이 가고 싶어 하는 재미로 가득 찬 우주가 되도록 해야 합니다.

— 움베르트 에코

슈투트가르트 시립도서관은 홈페이지에 세계적인 학자인 움베르트 에코의 말을 게재하여 도서관의 방향을 제시한다. 움베르트

재독 한국인 이은영 교수가 설계한 슈투트가르트 시립도서관은 2011년 10월 21일에 개관했다.

에코가 참석한 개관식의 주인공인 슈투트가르트 시립도서관은 과연 어떤 도서관일까?

　재독 한국인 이은영 교수가 설계한 슈투트가르트 시립도서관은 2011년 10월 21일에 개관했다. 공업도시였던 슈투트가르트의 이미지를 단숨에 바꾼 이 유명 건축물에 대한 평가는 찬사를 넘어 찬미에 가깝다. 우리가 잘 알고 있는 강수진 발레리나가 소속된 슈투트가르트 발레단의 도시 슈투트가르트 시*에 이전에는 여행객들이 벤츠 박물관·포르쉐 박물관을 먼저 찾았다면 지금은 시립도서관을 향하는 행보가 더 먼저라고 말해도 무방하다.

판화가 모리스 에셔의 작품 〈계단〉을 연상케 하는 도서관 갤러리 홀.

　건축은 개인적인 예술세계를 표현하는 행위가 아니며 동시대뿐 아니라 수백, 수천 년에 이어질 인간사에 대한 책임이라고 누누이 설파한 한 건축가의 힘이랄까? 지역사회에 살고 있는 주민들을 포함하여 이곳에 찾아오는 여행자들의 몸과 마음까지 묶어 둔 거대한 지역 예술품인 도서관의 매력은 직접 경험할 때 더욱 크게 느낄 수 있다.
　2013년 미국 언론사 〈CNN Travel〉은 대학도서관 세 곳, 시립도서관 네 곳을 포함한 세계에서 가장 아름다운 도서관 일곱 곳을 선정했다. 도서관이 지식과 정보의 창고일 뿐 아니라 시민의 삶과 밀접한 공공 공간이라는 공감대에 초점을 둔 선택이다. 이는 변화하는 시류를 반영한 변모되어 가는 도서관에 대한 시민들의 기대치를 보여준 결과이다. 1997년 슈투트가르트 시市에서는 미래 도시개발 사업을 구상하게 된다. 도서관 측에서는 도시개발과 함께 21세기 정보화 시대를 대비하는 새롭고 현대적인 도서관 설립을 위한 '슈투트가르트 21'이라는 도서관 프로젝트를 진행한다. 공업도시이면서 유럽의 경제중심 도시인 슈투트가르트는 이민자가 40퍼센트 이상을 차지하는 국제도시이다.

슈투트가르트 시(市)에서는 다양한 유럽의 인력을 모으고 경제활동의 구심지가 되어 줄 중앙역사를 새로 짓는 동시에 정신적인 지주 역할을 할 건물로 도서관을 구상하게 된다. 독일을 비롯한 유럽은 광장 중심으로 시청과 교회와 주요 건물들이 몰려 있다. 광장 중심의 문화가 토착화되어 있기 때문이다. 이러한 맥락에서 볼 때 도서관이 새로운 정신적·문화적 중심이 되게 만들려는 계획은 교회와 시청이 도시의 랜드마크이던 과거로부터의 흐름을 박차는 혁명과도 같은 사업이었다. 도서관과 직통으로 이어지는 중앙역사를 지하에 짓기로 한 것은 당시로서 아주 새로운 시도였다.

하지만 이러한 시도는 환경평가에서 긍정적인 결과를 가져올 수 있는지에 대한 과열된 찬반토론으로 이어졌다. 슈투트가르트는 전통적으로 친환경 분야에 앞서가는 도시였기 때문이다. 하지만 도서관 내부에 들어서면 바로 알 수 있듯이 수많은 자연광이 들어오는 것을 보면 역시라는 감탄의 말들을 늘어놓게 된다. 게다가 지열을 에너지원으로 사용하도록 지었기에 친환경적으로도 우수한 평가를 받았다. 덕분에 지금은 지하에 입점된 각종 쇼핑몰과 함께 어우러진 중앙역사에서 올라오면 밀라노 광장을 마주하게 되고, 이어 마주치게 되는 큐브 모양의 거대한 도서관과 맞닥뜨리게 된다. 편리한 접근성에서도 좋은 점수를 받게 된 셈이다.

1998년에 유럽 설계 공모전에서 당선된 건축가 이은영은 주최

낮에 본 슈투트가르트 도서관 전경.

측에서 요구한 도서관의 역할과 기능을 건축물 속에 완벽하게 구현해 내었고 도서관 완공 후 한 매체와의 인터뷰에서 이렇게 말했다.

"도서관은 과거 중세와 근대에 이르기까지 교회와 궁전이 감당했던 지식을 전달하는 역할을 하는 것뿐 아니라 도시생활의 정신적·문화적 중심이 되어야 하고 새로운 사회와 새로운 정신을 위한 초석의 위치를 갖게 되어야 합니다. 또한 디지털 시대에 지식의 큐레이터가 되어야 합니다."

- 이은영 건축가

애초에 도서관측에서 원했던 것은 성찰의 기능을 할 수 있는 공간을 갖춘 혁신적 멀티미디어 도서관이었다. 무엇을 상상하든 그

이상을 보게 되는 마법 같은 도서관은 무려 12년 동안의 공시기간을 거쳐 현대 역사에 등장한다. 12년 동안 비판과 눈치 속에서 오롯이 감내한 수고는 그간 달려온 힘겨움을 보상하는 극찬을 받는 열매로 마무리되었다. 공사기간 중 겉모양만 보고 책의 감옥이라고 질타했던 언론들은 도서관 내부에 들어서자마자 마치 그리스 신전 판테온에서 사람들이 신들에게 경배하듯 도서관에 대한 경의를 표한다. 한국 언론에서는 건물 벽면에 도서관이 한글로 쓰여 있다는 것과 건축가가 한국인이라는 사실에 흥분하며 연신 인터뷰 기사를 내보내었다.

딸들에게 슈투트가르트에 아주 멋진 도서관이 있다고 소개하며 기대하는 마음으로 달려갔다. 간략하게나마 도서관을 자랑하고 싶었지만 아이들이 스스로 도서관의 매력을 발견하기를 원하는 마음

Part 2 일상을 예술처럼 살게 하는 도서관 **205**

> **언론에서 보도한 슈투트가르트 도서관**
>
> - "세계에서 가장 아름다운 도서관 중 하나"
>   – CNN (2013)
> - "다양한 색채의 책과 함께 어울려 백색의 내부 공간이 주는 강한 인상이 가히 환상적이다."
>   – 디자인 전문 매거진 미니멀리시모 (2012.4.23)
> - "나선형 계단의 중앙 열람실 공간은 지난 수 십 년 내에 창작된 구심적 공간 중 가장 흥분케 하는 공간이다."
>   – 독일의 유력 일간지 쥐트도이체 차이퉁 (2012.4.14.)
> - "지식 탐구 및 교류의 장소라는 도서관의 두 가지 속성을 건축적 이미지로 함께 드러내었다."
>   – 노이어 취리허 차이퉁 (2012.4.4.)

으로 설명을 하지 않고 일곱 시간을 차로 달렸다.

아뿔싸! 어렵사리 갔는데 사방팔방 도서관 문은 닫혀 있었다. 그래서 과감히 다음날 일정을 포기하고 네 딸들과 두 시간 거리에 위치한 숙소에서 하루를 보냈다. 다음날 아침 일찍 다시 도서관에 갔다. 전날 아이들은 도서관 주변을 뱅글뱅글 돌다가 발견한 한글로 쓰인 "도서관"이라는 글자 때문에 다시 오자고 한 것이다. 아이들의 기특한 모습에 무척 감동받았다. 다른 도서관보다 더 의미 있게 다가온 도서관이다.

24시간 빈납 가능한 반납도서를 분류하는 파란색 카트가 컨베이어 벨트에 따라 움직인다. 혁신적 멀티미디어 도서관임을 알 수 있는 장치다.

죽어있는 일상을 구원해줄 심미안을 키우고 향유하게 만드는 힘의 근원지

도서관에 찾아오는 사람들을 무대 주인공으로 만들어 주는 듯한 배경이 걸작인 도서관 안쪽의 모습은 두고두고 잊지 못할 영화 같은 장면이다. 1층 출입구에 들어가자마자 가장 먼저 아이들이 환호하며 신기하다는 듯이 다가간 곳은 텅 빈 공간이다. 경이로운 자연환경을 보고 무아경에 빠진 사람들처럼 모두가 바닥을 응시했다.

도서관이라고 해서 늘 아이들이 보는 어린이책만 있는 것이 아니다.
이곳 도서관은 책을 보지 않고도 충분히 즐길 수 있는 놀거리가 많다

아니 도서관에 이런 공간이 있을 줄이야! 흡사 깊은 산속 어느 한 구석에서 연기 나는 호수를 만난 기분이다. 아이들도, 주변에 있던 어른들도 모두가 숙연하게 모락모락 김이 새어 나오는 바닥을 바라본다. 그러다가 높디높은 천정을 한 번 쳐다본다. 사방에 나 있는 문을 통하여 위층으로 올라갈 수 있다. 아이들은 자연스럽게 어느 문을 통하여 위층에 올라가야 하는지 몰라 왔다 갔다 하며 즐기고 있었고 제각각 다른 문으로 올라가서 어린이책이 있는 3층에서 만나자고 하였다.

  도서관에 오면 언제나 놀거리가 풍성하다. 네덜란드도 그렇지만 대체로 유럽에 가보았던 도서관들은 아동 중심적인 공간이 많다. 도서관이라고 해서 늘 아이들이 보는 어린이책만 있는 것이 아니라 책을 보지 않고도 충분히 즐길 수 있는 놀거리가 많다. 잘 놀

1층 출입구에 들어가자마자 가장 먼저 아이들이 환호하며
신기하다는 듯이 다가간 곳은 텅 빈 공간이다.

고 즐기고 잘 읽도록 배려한 소품과 가구들과 공간을 몸으로 부대끼며 익히게 만든다. 구석진 곳에서 놀기 좋아하고 뒹굴기 좋아하는 아이들의 동선까지 고려한 공간 짜임새가 무척이나 마음에 드는 요소이다.

오늘도 아이들은 한국책이 있는지 없는지부터 살핀다. 그래서 한국책이 있으면 좋은 도서관이라고 말한다. 딸들이 읽었던 책《몽실언니》가 책장에 꽂혀있는 것을 보고 얼마나 반가워하는지 모른다. 이곳에 오길 잘했다고 서로 다독이며 이야기한다. 그리고 도서관 건물 한 벽면 위에 도서관이라고 쓰여 있는 것을 보며 흥분했던 것도 이야기한다.

"왜 한글로 도서관이 쓰여 있을까" 아이들에게 물어보았다. 그리고 나머지 글자는 어느 나라말인지 알아맞혀 보라고 했다. 아이들은 영어, 독일어는 금방 알아맞혔다. 아랍어까지 맞추기는 좀 무리였겠지만 아이들의 추리력은 놀랍다. 왜 한글로 도서관이 적혀있는지를 추리하는 과정에서 아이들의 생각이나 감정을 읽어낼 수 있었다. 아이들은 "한글이 우수하니까 독일 사람들이 한글 배우라고", "혹시 도서관을 만든 사람이 한국사람 아닐까?"라며 유추했다. 아이들에게 건축가가 한국인이라고 알려주었더니 어떻게 독일 도서관을 한국인이 설계하게 되었냐고 되묻는다. 차근차근 도서관 설립 과정을 말해주었더니 아이들이 이 아름다운 도서관에서 하루 종일 놀고 싶다고 한다. 유럽의 고풍이 잘 나타난 건축물들이 익숙한 아이들에게 이 참신한 도서관은 보는 것만으로도 재미있는 유원지였나 보다.

슈투트가르트 시내 전망을 볼 수 있는 옥상 전망대.

    한참 동안 어린이책을 읽고 놀다가 도서관 옥상에 올라가서 시내 전망을 바라보자고 했다. 한 층 한 층 올라가다가 갑자기 뻥 뚫린 공간을 보며 아이들은 정말 흥분하였다. 공상과학영화에 나오는듯한 깔끔하고 세련되며 정제되어 보이는 구조에서 어떻게 황홀한 아름다움을 느낄 수 있는지 말로는 잘 설명이 되지 않는다. 이는 네덜란드 헤이그에 있는 에셔미술관에서 보았던 무수한 작품을 보며 기괴한 아름다움을 느꼈던 것처럼 거의 충격에 가까운 감동이다. 현실과 상상을 자유롭게 넘나들며 어디까지가 현실이고 어디까지가 상상인지, 어디가 평면이고 어디가 입체인지 구분하는 것이 무의미하게 느껴지는 뫼비우스적인 광경이다. 도서관이 이렇게 예뻐도 되는 것인가 싶다. 유명한 도서관에 온 김에 읽을 만한 책 있으면 봐야지하며 똘레똘레 찾아왔던 그 유치한 생각이 옳았음을 확인하게 되는 순간이다. 도서관의 아름다움에 취해있음은 두 번이나 발걸음 한 피곤함을 잊게 만들고, 왠지 모를 기운이 나서 열심히 살아야겠다는 마음을 갖게 만들었다. 게다가 우리 아이들은 더없이 소중하게 느껴지는 비논리적인 감정이 순차적으로 자연스럽게 일어났다. 지적 유희를 얻고자 방문한 도서관에서 미적 감성마저 충만해지는 신기루 같은 일이 일어난다.

　애써 이 도서관의 특징과 장점을 살피고자 했다. '저기가 도서관 측에서 요구한 자아성찰의 기능을 돕는 공간이군', '여기가 멀티미디어 자료실이구나', '21세기를 준비하려고 노력한 흔적이 보이는구나…' 이렇게 혼잣말을 해가며 도서관을 누비고 다녔다. 동서양의 특징을 잘 살렸디더니 진짜 그랬다. 한옥의 멋이 얼핏 보이는 창문을 바라보며 내심 뿌듯해하기도 하고, 자연채광을 중시하는 서양 건축물을 보며 그들이 빛을 건물 속에 품는 남다른 감각에 감탄

도서관 9층에 있는 그림을 대여해주는 아트센터(Culture complex).

하기도 했다. 여느 도서관처럼 다양한 서비스를 마련하고 이용자들의 편의를 위해 애쓰는 풍경을 보며 만족하기도 하고 부러워하기도 하였다. 지상 9층, 지하 3층의 건물, 지하에는 300여 명을 수용하는 대형 강당이 있다. 함께 바라보는 공유된 공간에서 오히려 스스로를 바라보게 만드는 이곳은 나를 위한 개인 공간이라고 착각하는 자유를 누린다. 누구나 공유할 수 있는 공간 이외에도 혼자만의 시간을 탐닉할 수 있는 공간이 많다. 그곳에서 음악을 감상하든 영화를 보든 신문을 보든 자유롭고 당당하게 자신의 시간을 향유할 수 있다. 아이들은 숨어있는 공간을 좋아한다. 그곳에 틀어박혀서 뭔가를 상상하고 시간을 소일하며 집중하는 쾌락을 만끽하기 때문이다. 어른이라고 별반 다르지 않다. 적당한 거리를 두고 자신만의 오롯한 시간을 가지고 싶어 한다. 지친 심신에게 쉼을 주기 위해, 몰두하기 위해, 아니면 그냥 멀찌감치 있고 싶어서다. 도서관에 의외로 그러한 공간들이 많다. 특히 현대 도서관은 더욱 그렇다.

집단 속에서 사회생활을 하는 이들이 피로감을 줄일 수 있는 방

편으로 작은 공간을 소원하는 이들이 많다. 소규모로 모이기도 하고 때론 혼자서 방해받지 않는 곳에서 무엇인가 집중하려고 하는 이들이 생각보다 많다. 기본적으로 도서관은 다른 이들이 책을 보거나 공부할 때 방해를 주거나 받지 않도록 개인 공간을 잘 마련해 놓는다. 그러나 꼭 그러한 목적으로만 개인 공간이 마련되었다고 생각하지 않는다. 도서관에 마련된, 임의의 누군가를 위한 개인적 공간은 도서관에 찾아오는 이들의 품격을 지킬 수 있도록 만드는 절대 배려 장치라고 간주하기도 한다. 때마침 독일 도서관에 왔으니 독일어 하나를 소개한다.

슈필라움Spielraum; 놀이Spiel + 공간Raum = 활동의 여지, 여유 공간

문화심리학자 김정운 저자는 《바닷가 작업실에서는 전혀 다른 시간이 흐른다》에서 '슈필라움' 단어를 소개하고 설명한다. 그는 아우슈비츠 수용소에서 살아남은 사람들을 소개하면서 브루노 베

델하임의 주장을 언급한다. 수용소에서 살아남은 자들은 어린아이와 같은 퇴행적 행태를 보였다. 그들에겐 슈필라움이 없기 때문이다. 스스로 결정할 수 있는 여지가 전혀 없는 수용소의 삶이 수감자들을 어린아이와 같은 퇴행적 상태로 몰아넣었다. 이때 슈필라움은 '심리적 여유 공간'을 뜻하지 않고 '인간으로서 최소한의 품격을 지킬 수 있는 물리적 공간'을 뜻한다. 자존심을 지킬 수 있는 모든 물리적 공간이 박탈된 유대인들에게 남겨진 선택지는 어머니에게 모든 것을 맡기고 의존할 수밖에 없는 벌거벗은 어린아이처럼 되거나 죽거나의 양자택일의 문제라는 것이다.

　물리적 공간의 부재는 곧 심리적 공간의 부재로 이어진다. 일체의 프라이버시가 허용되지 않은 수용소에서 슈필라움은 사치였고 슈필라움을 상실한 이들에게 삶은 곧 의미 없음과 동의어인 것이다. 문화심리학자 김정운은 바닷가 마을에 미역 창고라는 작업실을 마련한 후 '슈필라움'의 가치에 대해 다시금 생각하며 삶이란 지극

슈투트가르트 도서관의 아름다움이 예술이라는 평가를 받았다. 모두를 위한 예술이란 모토를 가진 바우하우스 운동의 영향을 받은 건축물이라 이 도서관의 디자인은 아주 간결하고 실용적이다.

한옥의 멋이 얼핏 보이는 창문을 바라보며 내심 뿌듯해하기도 하고, 자연채광을 중시하는 서양 건축물을 보며 그들이 빛을 건물 속에 품는 남다른 감각에 감탄하기도 했다.

히 구체적인 공간 경험의 앙상블이라고 말한다. 공간이 문화이고, 공간이 기억이며, 공간이야말로 자기 자신의 정체성이라고 정의한다. 공간은 그저 비어 있어 수동적으로 채워지는 것이 아니라 매 순간 인간의 상호작용에 개입하고 의식을 변화시키는 것이라고 제시한다. 공간이 있어야 '자기 이야기'가 생긴다. '자기 이야기'가 있어야 자존감이 생기고 봐줄 만한 매력도 생긴다는 것이다. 나아가 한 인간의 품격은 자기 공간이 있어야 유지된다고 주장한다.

슈투트가르트 도서관에는 그러한 마술 같은 공간이 있어서 참 감사하다. 슈필라움의 공간이 여러 형태로 있기 때문이다. 어린이책이 있는 3층에 작은 놀이터로 디자인된 구역이 있고 중간중간 아이들이 숨어서 마음대로 뭔가 할 수 있는 방해받지 않는 공간이 있다.

비단 어린이책 층만이 아니다. 성인들을 위한 곳에도 더러더러 많다. 유리벽으로 감싸져 있기도 하고 아예 구석진 곳을 별도로 1인 공간으로 마련한 곳도 있다.

이 도서관의 심장에서 뭉클한 무엇인가를 품고 도서관 내에 마련된 슈필라움에서 지친 심신을 충전하고 자신 본연의 모습으로 돌아갈 수 있는 장치들이 있는 것이다. 거기서 상상을 하던 묵상을 하던 독서를 하던 자신만의 방법으로 말이다. 바로 이러한 공공의 장소에서 슈필라움의 의미를 경험할 수 있는 '내 마음대로 할 수 있는 최소한의 공간'을 차지할 수 있다. 그 속에서 우리는 일상의 중독에서 지친 심신을 치유하고, 자신 본연의 모습으로 돌아갈 수 있는 기막힘의 순간을 경험할 수 있다. 공공의 장소에서 자신만의 공간을 거리낌 없이 행복하게 누릴 수 있음이 예술이다. 이미 슈투트가르트 도서관의 아름다움이 예술이라는 평가를 받았다. 모두를 위한 예술이란 모토를 가진 바우하우스 운동의 영향을 받은 건축물이라 이 도서관의 외양은 아주 간결하고 실용적이다. 모두에게 열린 공공건물이라 누구나 도서관의 아름다움을 보고 느끼고 감동할 수 있다.

H. G. 웰스Herbett George Wells의 《벽 속의 문The Door in the Wall》이라는 소설을 보면, 한 아이가 신기한 문을 발견하고는 그 문을 열고 마법의 정원으로 들어간다. 아름다운 정원에서 아주 짧은 시간을 보내는 것만으로도 그 아이는 행복해졌다. 다음날 아이는 그 문을 찾아보지만 더 이상 찾을 수가 없었다. 그후 문이 다시 나타났지만 다른 일로 몹시 바쁜 아이는 문을 열 시간이 없었다. 아이는 자랐고 아주 가끔 그 마법의 정원을 떠올렸다. 애써 찾으려 하지 않을 때 그 문

은 나타났고, 그런 때는 뒤로 미룰 수 없는 아주 급한 일들을 해야 했다. 아름다움에 투자할 시간이 없었던 것이다. 죽음에 이르러서야 그 아이는 그 멋진 정원을 다시 찾게 될 것이다.

우리 역시 너무 마음이 부산하고 분주하고 바쁘다. 우리는 자주 아름다움을 잊고 산다. 비극적인 망각이다. 왜냐하면 아름다움이 없다면 죽은 것이나 마찬가지이기 때문이다. 아름다움이 없으면 감정적 교신이 부족해지고 세상은 그저 그렇게 보이며 다른 것들에 흥미가 사라지고 삶은 자신의 화려한 빛깔을 잃게 된다. 우리는 이 세상에서 무슨 일을 하며 살아가야 하는지 알지도 못한 채 하루하루를 힘겹게 보내게 된다.

피에로 파루치는 자신의 책 《아름다움은 힘이 세다》에서 아름다움이 우리의 죽어 있는 일상을 구원해 주는 것이 심미안이라고 말한다.

소소한 물건에서, 무료한 일상에서, 평범한 세상에서 지친 삶을 다독이고 구원해줄 '아름다움'을 발견한다.
"가로수 길을 지나게 되었는데 바람 때문에 떨어진 나뭇잎이 눈처럼 쌓여 있었어요. 아주 감동적인 순간이었죠. 단 한 번도 그 길을 자세히 관찰한 적이 없었는데 신비로운 경험이었어요. 아름다움이 있는 곳에서 나는 심장의 떨림을 느끼게 돼요. 사랑에 빠진 사람처럼 말이죠."
아름다움이란 우리 존재의 모든 모습과 모든 기능을 확인시키고, 우리를 세상으로 나아가게 하며, 주변 사람들이나 자연과 조화를

이루게 하고, 우주를 접할 수 있도록 우리를 인도하는 가장 중요한 원칙이라는 것이다.

― 피에로 파루치, 《아름다움은 힘이 세다》 중에서

감격적인 도서관 개관식에서 부스만 도서관 관장은 갤러리 홀을 바라보면서 이렇게 소감을 말한다.

"나에게는 아주 감동적인 순간입니다. 이 공간은 비어 있는 자체만으로도 훌륭해요. 그러나 책으로 채워짐으로써 마침내 그 본분을 찾았습니다."

부스만 도서관 관장은 개회사에서 도서관에 대한 자신의 철학을

다음과 같이 피력했다.

"이 큐브 건물은 서적 문화를 위한 장엄한 생명이며 디지털화 시대와 가상화 시대에 인쇄된 서적에 대한 신봉이나 구체적인 장소로서의 도서관만으로 해석되지 않을 것입니다. 또 약 11,500 평방미터 규모의 이 새로운 건물은 대화와 문화의 장소이며 개인생활은 물론 직업생활·사회생활을 지원하고 사회 발전에 기여하는 아주 철저한 민주적인 장소가 될 것입니다."

세상에서 가장 아름다운 이 도서관은 재미로 가득한 우주가 될 것이다. 다행이다. 아이들과 우주여행을 다녀와서.

05

지식백화점이라는 새로운 공간을 만들어낸 렐리스타트 도서관

지식을 산다는 건

한동안 지식쇼핑이라는 단어가 유행하였다. 이미 사람들에게 익숙한 개념이자 일상생활 가운데 자주 사용되는 단어다. 어떻게 하면 가장 합리적이고 경제적으로 물건을 구매할 것인가에 대한 실제적인 정보에 기반을 둔 개념이다. 그래서 사전에 물품 구매 경로와 가격 조사를 하는 것은 소비활동을 하는 데 있어 기본적인 작업이자 경제적 행위의 시작점에 놓인 행위이다. 그런데 이 개념을 도서관에 적용한다면 어떻게 사고의 전환을 해야 할까? 그 질문에 대한 대답은

렐리스타트 역에서 내리자마자 보이는 커다란 건물이 바로 렐리스타트 도서관이다.

도서관에 적용하여 설계하고 운영하는 사례를 통해 찾을 수 있다.

네덜란드 암스테르담에서 기차로 한 시간 정도 거리에 위치한 렐리스타트 주에 있는 플레보미어 렐리스타트 공공도서관Flevomeer Bibliotheek Lelystad은 의아함과 신선함을 경험할 수 있는 곳이다. 도서관 입구에 떡하니 놓여있는 장바구니와 컨베이어 벨트에 놓인 책들이 모든 것들을 설명해준다.

렐리스타트 도서관 로고가 박힌 티셔츠를 입은 마네킹들이 쇼윈도를 가득 채우고 있다.
쇼핑하다가 피곤하면 쉴 수 있는 안락의자들도 구석구석 배치되어 있다.

백화점이나 슈퍼마켓에서 흔히 볼 수 있는 컨베이어 벨트가 눈에 띈다.
그곳에 놓인 각종 책들이 서서히 움직인다.

도서관이 지식백화점이라고?

　도서관의 의미에 대한 고찰은 고대시대로 거슬러 올라가기 전에 현재 이용하고 있는 도서관에서부터 찾는 것이 오히려 더 쉬울 수도 있다. 도서관의 역사나 배경을 모르더라도 지금 몸담고 있는 지역사회 도서관을 이용하다 보면 저절로 체득되는 실용적인 지식이 쌓일 것이다. 네덜란드에서 가장 현대적이고 혁신적인 개념을 도입한 도서관 중 하나인 렐리스타트 공공도서관은 그 입지부터 지식백화점의 면모를 과시한다.
　백화점의 주요 입지 조건 중의 하나는 편리한 접근성이다. 다른 하나는 최적의 교통편의다. 렐리스타트 공공도서관은 이 두 가지 입지 조건을 충족시키며 들어섰다. 1층에는 시청사가 있고 빵집을 비롯한 다양한 상점들이 있다. 계단을 오르면 2층부터 시작되는 곳

이 도서관이다. 별도의 건물이 아니라 멀티 쇼핑센터 중의 일부가 도서관이다. 집에서 나와 한 번 이 건물에 들어서면 계획했던 일과를 원스텝으로 처리할 수 있다. 또한 이 건물은 렐리스타트의 중심부에 위치하여 주변이 모두 상가이다. 백화점, 운동센터, 관공서, 각종 음식점 등이 밀집되어 있다. 또한 네덜란드의 유명한 아울렛 중의 하나인 바타비아 아웃렛Batavia outlet에 가는 대중교통편이 시작되는 곳이다. 다시 말하면 상권의 중심지와 출발지에 도서관이 있다는

것이다.

왜 도서관이 지식을 쇼핑하는 곳이 되었을까? 애초에 도서관은 무료로 책을 대출하여 그곳에서 책을 보는 공간이 아니었나? 그렇다면 모든 것을 망라하여 물건을 판매하는 백화점의 물건 보유 개념을 적용하려고 도서관을 백화점으로 둔갑시킨 것인가?

어떻게 무엇을 쇼핑할 것인가?

렐리스타트 공공도서관에 들어서자마자 보이는 바구니에는 "바구니에 지식을 담으세요"라는 상냥한 안내문이 적혀 있다. 백화점이나 슈퍼마켓에서 흔히 볼 수 있는 컨베이어 벨트가 눈에 띈다. 그

최고급 품질로 승부하고자 하는 백화점 경영의 태도가 소비자들의 마음을 감동시키듯 양질의 책을 진열하고 진정한 책의 가치를 팔고자 하는 이곳이 진정 마음에 든다.

곳에 놓인 각종 책들이 서서히 움직인다. "어서 나를 골라서 쇼핑해 주세요"라고 앙증맞게 외치는 것 같다. 실제로는 신간도서들이 컨베이어 벨트 위에서 춤을 추거나 도서관 이용자들이 책을 대출하려고 고른 책이었는데 최종 선택에서 제외된 책들이 움직여지는 것이다. 조금만 들어서면 세련된 안내데스크에서 사서들이 친절하게 말을 걸어준다. "어떤 책을 찾으세요?"라며.

그리고 옆으로 살짝 비껴가면 통유리로 된 벽이 보인다. 렐리스

널찍하게 있는 계단을 따라 올라가면 미술 전문 서적과 음반들이 즐비하다.

타트 도서관 로고가 박힌 티셔츠를 입은 마네킹들이 쇼윈도를 가득 채우고 있다. 쇼핑하다가 피곤하면 쉴 수 있는 안락의자들도 구석구석 배치되어 있다. 천정에도 새로운 신상품들이 전시되듯 시즌마다 다른 물건들이 매달려 있다.

　원색의 기둥들로 감싸져 있는 곳은 어린이 전용 도서가 진열되어 있다. 그 안에 들어가면 영아들을 위한 헝겊책과 장난감부터 시작하여 동화 CD를 들을 수 있는 컴퓨터도 아기자기한 책상에 놓여 있다. 아주 푹신한 의자와 쿠션들이 알록달록한 책장 앞에 있어 아이들은 편안한 자세로 책을 본다. 자그마한 계단을 따라 올라가면 아이들의 아지트로 삼으면 좋을만한 비밀공간이 있다. 거기서 도서관을 내려다보기도 하고 때로는 잠을 자듯 편안한 휴식을 취할 수 있도록 꾸며놓았다. 쇼핑의 피곤함을 덜어줄 수 있는 최상의 서비스 공간이다.

간단하게 차와 쿠키를 먹을 수 있는 미니 카페 옆 책장에는 수많은 요리책들이 구비되어 있다. 360도 회전하는 의자에 걸터앉아 이리저리 책장을 구경하는 것도 신난다.

넓찍하게 있는 계단을 따라 올라가면 미술 전문 서적과 음반들이 즐비하다. 작은 부스 안에 들어가면 영화나 음악을 볼 수 있는 영상실이 있고 다양하고 수많은 음악 CD와 비디오들이 있다. 일반 상식과 교양서적과 컴퓨터 관련 서적, 철학서적, 소설 특별한 대학 전공서적을 제외한 대부분의 도서들이 분야별로 진열되어 있기에 목록표만 보면 원하는 책을 쉽게 찾을 수 있다.

입맛대로 취향대로 책을 고르기만 하면 끝이다. 바구니를 들고 다니며 책이나 자료를 찾아 담으면 된다. 바구니가 거추장스러우면 평소 습관대로 양 팔에 한 가득 책을 들고 대출하면 된다. 무슨 책을 골라 담을 지는 전적으로 도서관 소비자의 몫이다. 또한 도서관 내에 작은 공간에서 함께 모여 뜨게질을 하고, 책을 읽고, 차를 마실 수 있는 뜨게질 카페 프로그램도 있다.

우리들의 비망록 그리고 꿈 통장

와! 이 책 이쁘다.
이건 처음 보는 책이야.
어! 이건 우리 동네에도 있어.

원색의 기둥들이 감싸져 있는 곳은 어린이 전용 도서가 진열되어 있다.

영화나 음악을 볼 수 있는 영상실이 있고 다양하고 수많은 음악 CD와 비디오들이 있다.

함께 도서관에 간 딸들이 외치던 말이다. 두리번두리번 거리며 마냥 신기해하듯 이 색다른 도서관에서 보여준 아이들의 귀엽고도 다소 짓궂은 모습들이다. 보고 싶은 책들을 보고 난 후 집에 오는 귀갓길에 올랐다. 기차 안에서 아이들과 나누던 이야기들이 마음속에 소중한 기록으로 남는다.

"엄마! 여기 너무 좋아. 다음에 또 와."
"그래. 다음에 또 오자. 그런데 여기 좀 특이하지? 다른 도서관과

다른 점이 뭘까?"

"맞아. 여기에 바구니가 있었어. 그리고 슈퍼마켓에서 보던 컨베이어 벨트가 있었어."

"왜 도서관에 그게 있지?"

"멋있으라고? 아니면 재밌어서 손님들 많이 오라고!"

"도서관에 무슨 손님이야? 그냥 책 보러 오는 사람들이잖아."

"바구니가 있으니까 물건 사는 사람처럼 손님 아니야?"

"그렇게 보니까 그 말이 맞는 것 같다. 그런데 도서관에 왜 그게 필요하지?"

"이 도서관에서 좋은 책을 많이 팔아서 유명해지려고."

"지금까지 너희들이 도서관에서 책을 산 적이 있니? 도서관 카드로 다 빌렸었잖아."

RODE
KAMER
0-3 JAAR

BLAUWE
KAMER
9-12 JAAR

GROENE
KAMER
4-8 JAAR

UITGANG

컨베이어 벨트 위에 책을 전시하는 도서관의 창의적인 철학이 돋보였다.

"그러네. 그럼 여긴 색다르게 해서 손님들 많이 모으려고 했나 봐."
"물건이나 책을 사려면 뭐가 필요해?"
"돈이 필요해."
"그럼 돈을 잘 쓰려면 어떻게 해야 하지?"
"뭘 살지 잘 생각해야 해."
"그래. 그래서 물건을 사고 나면 어떻게 되지?"
"그럼 내거잖아."
"그 다음엔?"
"내가 잘 보관할 거야! 내 책상 위에 잘 꽂아 둘 거야."
"그래 잘 했다. 기특해."
"그런데 여기는 진짜 책을 팔고 사는 곳이었니?"
"아니. 사람들이 모두 도서관 카드로 책을 빌렸어."
"그렇다면 왜 책을 파는 것처럼 꾸며놓았을까?"

이렇게 아이들과 한 시간 가량 떠들며 집에 왔다. 첫째부터 막내

까지 앞다투어 자기 생각을 말했다. 퀴즈대회에 정답을 맞히듯 서로가 정답을 향해 내뱉던 말들이 주옥같은 답변이었다. 아이들의 말대로 돈으로 물건을 사면 그것은 내 것이 된다. 바로 그거다! 이 도서관이 궁극적으로 원하던 것은 아이들의 말에 담겨 있다.

무엇인가를 산다는 것은 선택이라는 고귀한 결정이다. 선택에는 수많은 가치관이 내재되어 있다. 그중에서 하나를 선별하여 고르는 행동들이 쌓이면 그것은 나만의 인생이 된다. 돈을 지불한다는 것은 그만한 가치를 산다는 것이다. 그 가치를 책임지겠다는 의미다. 어떤 것을 산다는 것은 어떤 것에 대한 책임이자 소유한 사람의 인격이 되어 가는 것이다. 결국 인생을 사는 것이고 인생을 책임지며 디자인해가는 거룩한 행위다.

그 귀한 가치를 알려주는 이 도서관이 참 좋다. 비록 실제로 바구니에 담긴 책을 팔지는 않았지만 책을 파는 지식백화점의 역할과 기능을 충분히 한다. 다양한 상품들을 전시하고 최고급 품질로 승부하고자 하는 백화점 경영의 태도가 소비자들의 마음을 감동시키듯 양질의 책을 진열하고 진정한 책의 가치를 팔고자 하는 지식백

화점의 모습을 갖춘 이곳이 진정 마음에 든다.

공공도서관의 새로운 의미를 던져준다. 지역사회에 공공의 이익을 던져주는데 그것이 형식적이거나 값싼 서비스로 전락한 것이 아니라 노력하고 혁신적인 개념으로 근본적인 가치를 일깨워준 시도가 참 근사하다. 지식의 문턱을 개방하여 낮추고, 지식을 소유하고자 하는 이들이 먼저 갖추어야 할 태도를 알려준다. 책을 소유하는 것은 지식을 소유하고 지혜를 쌓아가며 자신의 인생을 꾸며가는 책임적인 행동이라는 것을 깨닫게 해준다. 물건을 사고파는 것이 사람들의 일반적이고 필수적인 경제활동의 가치인 것처럼 책을 읽고 내 것으로 소화하는 행동을 가치 개념으로 만든 것이다.

"이젠 우리 매일 지식 쇼핑하는 거야. 최고급 지식백화점을 찾아다니면서. 우리만의 꿈 통장에 쌓아두자!"

06

건축의 힘을 믿으세요! 오스카 니마이어 도서관이 속삭이다

**타인의 취향을 존중해주는,
나와 타자의 삶을 아름답게 만들어 주는 공간**

프랑스의 북서부에 위치한 노르망디 지역은 예술가들의 사랑을 받은 도시들이 줄줄이 이어져있어 많은 사람들이 몰려드는 휴양지이다. 거대한 코끼리 바위와 몽돌해변으로 유명한 에트르타^{Etretat}에서 인상파 화가들의 작품이 무수히 쏟아져 나왔고, 점묘법을 사용하여 새로운 화풍을 만들어 낸 폴 시냑이 환상적으로 그린 몽생미셸^{Mont Saint-Michel, Fog and Sun, 1897} 역시 노르망디 지역에 속한다. 대한항공

CF에서 펼쳐진 몽생미셸의 치명적인 매력에 반한 이들이 직접 몽생미셸을 찾아가기도 한다. 몽생미셸의 아름다움은 가히 모든 이들의 마음을 붙잡아 두고도 남는다. 예술가들과 여행가들의 발걸음은 거기서 그치지 않는다. 인근의 어여쁜 항구마을로 유명한 옹플뢰르Honfleur, 모네가 빛의 매력을 마음껏 그림으로 표현한 '성당'이 건재하는 루앙Rouen, 모네에게 작품으로 깊은 영향을 준 외젠 부댕이 그린 인상주의 작품들의 배경이 된 도빌Deauville이란 작은 도시다. 어디 이뿐인가. 빈센트 반 고흐가 생애를 마무리한 곳이자 무덤이 있는 오베르 쉬르 우아즈Auvers-sur-oise까지 모두 노르망디 지역에 속한다. 이곳은 예술가들에게 풍부한 영감을 주고 위대한 작품을 세상에 내놓게 만든 배양지다.

노르망디 지역에 빼놓을 수 없는 또 하나의 걸출한 도시로 르 아브르Le Havre가 있다. 바로 이곳에서 인상파라는 용어가 처음 세상에 등장하게 된다. 모네가 유년 시절에 인상주의의 선구자로 불리는 외젠 부댕에게서 그림을 배운 곳이며, 프랑스 제2 항구도시이다. 또한 이곳 어느 호텔에서 바라본 일출을 그린 작품이 〈인상, 해돋이Impression, Soleil Levant〉라는 것을 떠올려보면 이곳은 미술사적으로 의미가 있는 성지이다.

르 아브르는 프랑수와 1세의 명에 따라 1517년에 건설된 도시이다. 원래는 늪지대였으나 교역과 무역을 담당하는 항구도시로 입지를 다져갔다. 처음에는 르 아브르 드 그라스Le Havre de grâce신의 은총을 받은 항구의 이름으로 존재했다. 18세기 나폴레옹 1세가 이 도시를 제1급의

르 아브르의 랜드마트 중의 하나인 르 볼칸은 아름답고 푸른 강 같은 인공호수를 앞에 둔 감베타 광장에 우뚝 솟아 있다.

해군기지로 삼으면서 점차 항구도시의 모습을 갖춘다. 그러나 르 아브르 시市는 얄궂게도 그 은총을 아프게 이어갔다. 제2차 세계대전을 맞아 도시 80퍼센트 이상이 영국군의 폭격을 맞아 무너졌기 때문이다. 프랑스에서의 독일군 섬멸을 위하여 취해진 조치였으나 되려 르 아브르 시민은 영국군에 대한 원망이 더 크다 하니 역사적 아이러니함을 품고 있는 도시다.

이 화산 같은 건물은 도시 재정비 사업의 일환으로 문화와 예술의 부흥을 이루고자 문화센터와 도서관으로 시민들을 맞이한다.

무너진 도시를 새롭게 세우고자 1945년부터 1962년까지 무려 20여 년 동안 250 헥타르에 해당되는 대규모의 면적을 재건하는 프로젝트가 진행되었다. 재건 프로젝트를 총괄한 이는 프랑스의 세계적인 건축가 오귀스트 페레^{August Perret}이다. 철근 콘크리트를 사용하는 근대의 새로운 건축양식을 추구하여 콘크리트 건축가라는 별명을 가지고 있다. 폐허가 된 도시를 다시 재건하기에 그가 절대적으로 필요했나 보다. 생 조제프 교회^{르 아브르 생 조제프 교회 Église Saint-Joseph du Havreeph Church}를 설계한 오귀스트 페레 이외 100여 명의 저명한 건축가들이 모여 르 아브르 시를 새롭게 세워갔다.

삼성 리움미술관 2를 설계하여 우리에게도 잘 알려진 빛의 건축가로 유명한 프리츠커상 수상자 장 누벨^{Jean Nouvel}은 복합수상문화단지인 레뱅데독^{Les Bain Des Docks}을, 브라질의 세계적인 건축가인 오스카 니마이어^{Oscar Niemeyer}는 르 볼캉^{Le volcan}이라는 복합문화센터를 설계했다. 이 외에 당시 문화부 장관이었던 앙드레 말로의 이름을 딴 앙드레 말로 미술관MUMA은 다수의 인상주의 작품을 소지한 것으로도 유명하다.

2차 세계대전 이후 파괴된 도시를 재건하여 새롭게 태어난 도시들이 더러 많다. 그중에서 르 아브르 시의 재건 프로젝트는 성공적이었다. 재건 도시의 모델로 평가받아 2005년에는 르 아브르 시 전체가 세계문화유산으로 등재되는 가슴 뭉클한 결과로 이어진다.

르 아브르의 랜드마크 중의 하나인 르 볼칸은 그중에서도 돋보이는 수작이다. 아름답고 푸른 강 같은 인공호수Basin du Commerce를 앞에 둔 감베타place de Gambette 광장에 우뚝 솟은 르 볼칸은 마치 새하얗고 큰 화산(국립극장)과 새하얀 작은 화산 두 개(도서관)가 기다란 통로 같은 나리로 이어진 깃처럼 보인디. 원래 국립극장이었던 것을 개조하여 새로운 기법으로 건축한 이 건축물은 건축계의 노벨상격인 영예로운 프리츠커상을 받은 오스카 니마이어가 설계하여 더욱 주목받았다. 이 화산 같은 건물은 도시 재정비 사업의 일환으로 문화와 예술의 부흥을 이루고자 문화센터와 도서관으로 시민들을 맞이한다.

브라질지아를 디자인한 브라질 건축의 아버지인 오스카 니마이어의 작품 속에는 늘 우아한 곡선과 기하학적인 공간이 존재한다. 벨루 오리존치 교회, 브라질 의회, 브라질리아 대성당, 니테로이 현대미술관, 오스카 니마이어 박물관, 오페라 하우스, 뉴욕 유엔UN 본부 등 브라질을 비롯한 세계 곳곳에 600여 점의 역작을 만든 그가 르 아브르에서 심어놓고자 한 아름다움은 무엇이었을까? 르 아브르 시립도서관, 즉 오스카 니마이어 도서관 속으로 여행하며 그가 추구한 아름다움의 진수를 발견하고자 한다.

오늘날의 도서관이 있기까지

1794년에 컨벤션 내셔널은 교육의 목적을 두고 인구수가 많은 르 아브르에 공공도서관을 설립하였다. 도서관은 루앙Rouen의 책 저장소 컬렉션에서 가져온 책과 수많은 원고, 역사적 자료들을 소장하였다. 1847년에는 미술관의 작품들과 도서관의 자료들을 보관하기 위해 특별히 설계한 도서관을 항구 입구 그랜드 콰이Grand Quai 맞은편에 건설했으나 공간이 좁아 이사하기도 했다. 1933년에 르 아브르 시립도서관이 정식으로 상장되면서 주요한 국가적 자료와 기록과 유산을 보유한 프랑스의 주요 도서관으로 성장하게 된다. 제2차 세계대전 중에 귀중한 자료들이 약간의 피해를 입었으나 잘 보존하였고 르 아브르 재건사업에 힘입어 자크 라미Jacques Lamy와 자크 토너먼트Jacques Tournant가 1963년에 공부와 여가를 위한 도서관, 도서박물관으로 디자인한 것을 오귀스트 페레Auguste Perret 총괄 하에 지어진 도서관은 1967년에 문을 열었다(무려 57년 전에 도서관에 대한 개념을 설정할 때 '여가'를 고려했다는 사실이 정말 놀랍다).

1972년 르 아브르 시장의 주도 하에 오스카 니마이어 프로젝트Escape Oscar Niemeyer가 발표되고 2010년 르아브르 도시 재생 건축 앙상블 리노베이션 시작되었다. 르 볼칸은 마지막으로 재건축된 르 아

용암을 내뿜는 분화구 내부같이 도서관 안에는 지름 20m, 높이 10m에 달하는 텅 빈 공간이 있다.

브르 건축물 중 하나이다. 거대한 화산 같은 건축물을 짓는데 총 6천만 유로의 건축비용이 들어갔다. 약 5년여 기간 동안 대대적인 공사를 마친 후, 2015년 11월에 오스카 니마이어 도서관은 감베타 광장에 등장하였다.

5270m^2의 거대한 면적을 가진 오스카 니마이어 도서관은 50개의 디지털 태블릿을 보유하고 있고 11만 6천 개의 문서와 500개의 휴게장소(독서 장소), 50개의 터치 패드를 포함한 125개의 컴퓨터 스테이션, 세 개의 소닉 의자가 구비된 음악 청취실, DVD와 블루레

나선형 계단을 타고 올라가면 네모난 캡슐 같은 독립적인 독서 공간이 있다.

이 플레이어가 장착된 스크린 룸 등 신도시에 어울리는 미래형 도서관이다.

 단순하면서도 개성이 분명하며 다양한 색깔과 용도에 맞는 인테리어 덕분에 2016년에 인테리어 스페이스 북스 위클리 상Interior Space Books Weekly Prize을 수상했다. 입구에서 아트리움으로 가기까지 주로 만나는 색상은 레몬 블루와 오렌지 색상이다. 도서관 겉의 새하얌이 주는 차가운 이미지를 중화시키듯 실내에는 따뜻하고 밝은 색상을 곳곳에 배치했다.

 학창 시절에 배웠던 프랑스어 실력으로는 도무지 도서관에 대한

안내문을 읽을 수 없어 대강 눈치로 파악해보는 도서관 탐색도 꽤나 흥미로왔다. 이 도서관이 중요하게 보관하고 있다는 1794년에서 1800년 사이에 수집된 컬렉션과 19세기 자료들은 어디에 있는지 찾을 수 없었고, 수도원에서 가져온 사제들이 보았다는 문헌이나 이민자들이나 망명한 귀족들의 서적은 어디엔가 잘 보관되어 있겠지라는 체념 반 기대 반으로 도서관 미로 찾기 놀이를 계속해 나갔다. 그래도 꽤나 흥미로운 공간 탐색 놀이였다.

오스카 니마이어 도서관에는 특색 있는 공간이 있다. 전체적으로 원통 모양이기에 통로 역시 곡선으로 이루어졌다. 오스트리아의 세계적인 건축가인 훈데르트바써도 직선을 무척이나 싫어하여 자신의 모든 건축물을 곡선으로 만든 것처럼 오스카 니마이어의 건축물 역시 곡선으로 이루어져 있다.

용암을 내뿜는 분화구 내부같이 도서관 안에는 특별한 아트리움이 있다. 지름 20m, 높이 10m에 달하는 텅 빈 공간이 있다. 원형 무대같이 꾸며 놓은 이곳을 중심으로 나선형 계단을 타고 올라가면 네모난 캡슐 같은 독립적인 독서 공간이 있다. 특이한 공간이다. 무대의 주인공과 객석을 넘나드는 교차 가능한 용도의 공간들이 조화롭게 이루어지고 있다.

유리 천장을 통해 들어오는 빛은 가장 자연스러운 인테리어를 완성하는 묘수이다. 수많은 건축가들이 자연 채광을 통해 연출되는 건물 이미지에 얼마나 많은 공을 들이는지 모른다. 마치 진리의 빛이 비춰질 때 인간의 자유로움은 움트고 꽃이 피어 열매를 맺는 것처럼 눈부신 빛을 온몸에 받아가며 뱅글뱅글 층계를 조심스럽게 밟

는다. 2층에 올라가면 툭 튀어나온 창문 달린 캡슐 같은 공간에 비치된 안락의자에 앉아 아래층을 내려다본다. 그 짜릿함은 놀이기구를 타는 것보다 더 스릴이 있다.

　움직이는 걸음걸음마다 마주할 수 있는 다양한 소설, 판타지 문학, 여가 관련 서적 , 만화, 유아서적, 예술서적, 음악 자료, 육아도서, 실용 잡지 등 모두의 취향이 고려된 서적들의 향연을 즐기며 아트 리움에서 충분한 시간을 즐길 수 있다.

원통형 로비를 지나 구석구석 돌다 보면 가구전시장에 온 것 같은 착각이 들기도 하다. 편집숍에 온 것 같은 느낌도 든다. 소비하고 싶은 욕망이 든다. 여기서는 지적 소비가 가능하다. 감각적 소비는 덤이다. 금세 흥에 취해버린다.

오스카 니마이어 도서관은 여느 도서관처럼 연령대별로 다양한 프로그램을 운영하고 있다. 영유아부터 노인들, 이민자들에게 이르기까지 기본적인 교육이 가능하도록 많은 자료를 구비하고 있으며

무상으로 대여해 주고 있다.

　오스카 니마이어 도서관에서 역점을 두는 "일상의 모험을 위한 장소, 모든 연령대가 모험을 할 수 있는 곳, 그 모험을 공유하는 곳!!!"이라는 도서관 운영 모토가 눈에 띈다.

　여느 도서관 모두 모든 연령대를 위한 적정 프로그램이 있다. 수많은 워크숍과 교육프로그램, 문화프로그램, 전시회, 독서토론회, 저자와 독자와의 만남, 작가와 예술가들과의 만남 등 다양한 문화

적 콘텐츠와 독서 프로그램을 융합한 시도를 많이 하고 있다. 이 도서관 역시 예외는 아니다. 도서관 로비에 비치된 수많은 프로그램 안내지를 보면 알 수 있다. 그중 '한 권의 책, 한 명의 독자가 One book, One reader'라는 프로그램명이 눈에 들어온다. 자세한 프로그램 내용은 몰라도 문구 자체가 마음에 다가온다.

도서관에서 가장 역점을 두는 축제 '타인의 취향'

　도서관에서 가장 역점을 두는 큰 축제는 '타인의 취향'이라는 축제다. 도서관을 중심으로 르 아브르 시 전역에서 이루어지는 대대적인 축제이다. 르 아브르 시내 다섯 개의 도서관, 지역 서점, 레스토랑, 문화센터가 협력하여 곳곳에서 흥미로운 프로그램을 진행한다. 각자의 개성과 취향을 존중해주는 생동감 넘치는 행사다. 각 서점과 도서관과의 연대를 중요시 여기는 풍토를 기반으로 하여 축제에 동행하는 예술가들이 협업하여 공연을 하고 수많은 음악가들, 일러스트레이터들의 활약이 펼쳐진다. 화려한 볼거리, 즐길거리를 한 곳에 모아 마을 전체의 축제로 이끌어낸다. 수많은 저자와 독자와의 만남과 독서 콘서트는 기본이고, 그들만의 문화를 삶 속에 녹여낸 일상과 이상적인 삶이 교집합으로 겹쳐진 삶의 결을 모두가 부대끼며 느끼는 축제다. 유럽 축제는 참 재미있다. 하나하나 뜯어보면 별 거 아닌 것 같은데 사실은 정말 별 거인 것이 실로 엄청난 예술이고 역사가 된다는 것을 몸서리치며 각성해가는 시간이 바로 축제다.

　잠들어 있는 우리들의 숨은 욕망과 욕구를 집단적으로 표출하여 즐길 수 있는 여유와 타인을 향한 부드러운 마음을 표현하고 거래하는 것이 축제의 핵심일 것이다. 건강한 너와 내가 있을 때 더 건강한 우리로 살아갈 수 있다는 것을 그들은 늘 배우고 익힌다. 타인의 취향 Le Goût des Autres 축제는 프랑스의 문학적 사건과 풍경 속에 내재된 독창성을 독특하게 주장하면서 전 세계의 작가들이 들려주는 풍부

한 상상력 축제인 것이다. 그것도 멋진 항구 도시에서! 참으로 낭만적이지 않은가? 도심 속에 유유히 흐르는 깅물은 언제나 아름다운 미학을 일구어낸다. 감수성을 자아내기 때문이다.

이들은 책과 무대 속에서 멈추지 않는 만남을 만들어낸다. 거기서 엮어지는 독창성을 꿈꾼다. 나와 다른 타인의 취향에서 놀라운 재능을 발견하는 바로 그 지점에서 풍성함을 엮는다. 그리고 즐긴다. 다른 사람의 취향을 느끼고 존중하면서 자연스럽게 자신의 삶에 주의를 기울이게 되고 자기 성찰을 하게 된다. 이 축제는 바로 그 연결고리 역할을 톡톡히 해낸다. 밤의 도서관에서만 맛보는 특별함, 이곳에서만 느끼는 참맛, 곳곳에 비치된 사물의 맛, 음식의 맛, 모든 것을 감각적으로 느끼며 실재하는 축제 현장에서 그들은 다시 새로운 삶을 살아갈 토대를 만든다. 재생이 시작되고 있다는 증거다.

　흥미로운 축제가 또 있었다. 르 아브르 시청 50주년을 맞아 문화의 도시 르 아브르에서는 르 볼칸을 중심으로 빛 축제 Le Havre, light Heritage in light가 열렸다. 다양한 일루미네이션의 황홀함과 경이로움을 즐기는 축제다. 프랑스 전역에 걸쳐 유명 건축물과 장소에서 열리는 행사도 많다. 빛의 도시 리옹에서 해마다 화려한 루미나리에 축제가 열리며 스트라스부르 대성당은 온갖 상상력을 동원한 빛 축제를 보러 오는 이들을 맞느라 바쁘다. 에펠탑과 개선문에서 볼 수 있는 빛 축제도 무시할 수 없다. 이쯤 되면 빛 축제는 프랑스 문화의 아이콘 중의 하나가 될 수도 있겠다. 시각예술의 무한한 감동을 선사해주는.

　항구도시가 갖는 감상적 이미지가 있다. 생명, 흐름, 교류의 속성을 가진 물을 품은 도시, 거기에 정박되어 있는 배와 출항하는 배를 바라보며 우리 자신을 바라보는 물아일체의 세계에 빠져들지도 모

르겠다. 우리의 인생 중요 순간마다 맞이하는 기다림, 맞이함, 헤어짐, 새로움 등 끊임없는 변화가 이루어지지만 나름의 일관성 있는 흐름들이 있다. 부서지고 새로 만들어지는 파도처럼 무너졌다가 다시 세워가는 전통과 문화처럼 르 아브르 도시는 분명 폐허 속에서 일구어 낸 재건의 업을 평생 기억할 것이다.

    큰 화산, 작은 화산이 나란히 존재하며 그 의미들을 활화산처럼 때론 휴화산처럼 분출하고 있는 그 무엇을 향해 사람들은 자연스럽게 매일매일 그곳을 드나들 것이다. 멀리 있는 이상이 아니라 매일 숨 쉬듯 맞이하는 일상에서 끌어낼 내 삶의 도약이다. 재건은 오늘을 살아내는 내 마음 속살에서부터 시작되었을 수도 있다. 오스카 니마이어는 그 가능성을 부드러운 곡선으로 표상화했다. 경직되지

않은 이어짐을 통해 지금 이 순간도 과거 어느 시점부터 시작되어 미래까지 이어진다는 것을.

딸들은 각자 관심분야 영역에서 주리 틀고 앉아 책을 보고 도서관 내 컴퓨터를 이용하여 정보검색을 하고 애니메이션을 감상하는 등 철저하게 도서관 공간을 활용한다. 어쩌면 저들이 맞고 내가 틀린 것인지도 모르겠다. 엄마인 나는 도서관의 아름다움에 홀려서 여기저기 돌아다니며 감탄만 하고 있으니 그렇다. 누구나 이 도서관을 보면 한마디 툭 던질 말을 던져본다.

"이렇게 멋진 도서관이라면 매일 오겠다.
이런 도서관에서 공부했으면 서울대 가고도 남았다."

앞뒷말이 논리적으로 맞지 않고 비약이 심하지만 각각의 문구 속에 우리의 숨은 욕망이 잠들어 있다. 아름다움에 대한 단순 감상이 새로운 감각의 자각을 이끌어낸다. 지적인 공간에서 아름다움에 취한다는 것이 오묘한 어울림이다. 결국 아름다움과 앎에 대한 욕망은 뫼비우스 띠처럼 연결된 욕망이었던가? 아름다운 공간에 대한 욕구와 욕망이 거세되어 살아온듯한 무심한 인생살이에서 너무나도 아름다운 것 앞에서 홀린듯한 자신을 만났을 때 갖는 새로운 자아 그리고 깨어짐. 이는 무지에서 깨달음을 얻는 충격과 비슷할 것이다. 그것이 지식인들이, 예술가들이 해왔던 일이다. 그래서 아름다움을 추구하는 사람이 되기로 했다. 타인의 아름다움을 제대로 감상할 수 있는 마음의 공간을 부드럽게 넓힐 것이다.

건축물이 사람이라면 공간은 마음입니다. 모든 건축물에 영혼을 불어넣을 수 있다면, 우리 도시는 되살아날 것입니다.

— 조재현, 《건축가 공간에게 말을 걸다》 중에서

건축이란 집은 세우는 것이 아니라 짓는 것이다. 짓는다는 뜻은 어떤 재료를 가지고 생각과 뜻과 마음을 통하여 전혀 다른 결과로 변화시켜 나타내는 것이다. 집을 짓는다는 뜻은 무엇인가. 삶의 시스템을 만드는 것이다. 즉 사는 방법을 만드는 것이 건축이다.

— 승효상, 《건축, 사유의 기호》 중에서

Part 3

누구나 들어오면
행복해지는 도서관

library

01

어린이들의 꿈을 이루어 준 헤이르휘호바르트 도서관

"진짜 영웅이 필요하다. 돈의 가치를 소중히 여기되, 돈의 노예로 살기를 거부하며, 힘의 권위를 명예롭게 지키되, 부당한 힘에는 결코 굴복하지 않으며, 성공을 향해 전력을 다하되, 성공의 자리에는 더 큰 책임의 무게가 따름을 항상 명심하고, 다른 이의 즐거움에 크게 웃어줄 수 있고, 작은 아픔도 함께 울고 안아줄 수 있는. 유치원 때 이미 다 배워 알지만, 점점 잊고 지냈던 우리 마음속 진짜 영웅을 만나고 싶다."

전 세계 속에 한류 바람을 일으켰던 드라마 중 하나인 〈태양의 후

2006년 12월에 개관한 헤이르휘로바르트 도서관은
네모난 모양으로 이루어진 건물들 안에 시청이 함께 있다.

예)를 기획한 의도가 이렇다. 참 당연한 말이지만 인생을 살면서 지키기 어려운 삶의 모습이다. 이 아쉬움은 행여 우리 주변에 진짜 영웅을 꿈꾸는 작은 영웅들이 존재하고 있을지에 대한 간절함이 섞인 의문으로 바뀌었다. 기성세대에서 발견하지 못했거나 발견하기 힘든 꿈을 실현해 줄 주인공으로 미래 세대인 어린이를 기대해보는 것은 대체 불가능한 선택 같다. 그리고 곧 그 어린이에 대한 가능성과 진실성을 믿어주는 어른에 대한 진정한 관심으로 이어졌다.

헤이르휘호바르트는 태양의 도시

    어린이는 꿈을 꾸고 어른은 그 꿈을 현실화하는데 지원해주는 이들이다. 그러한 결정체인 헤이르휘호바르트 도서관^{De Bibliotheek Kennemerwaard in Heerhugowaard}이 있는 이 도시는 과연 어떤 곳일까?
    네덜란드의 수도 암스테르담에서 북쪽으로 50km 떨어진 곳에 위치한 헤이르휘호바르트^{Heerhugowaard}는 세계 최대의 태양광 도시^{Stad}

van de Zon이다. 녹색도시라고 불리는 이곳은 지구를 병들게 하는 탄소를 적게 배출하는 에코시티$^{Eco\,city}$이다. 주택의 95퍼센트가 벽과 지붕에 태양광 발전판을 설치하여 소비되는 에너지보다 태양열을 이용한 에너지를 더 많이 생산해 내는 계획주거도시로 유명하다. 1990년대 초 인도 출신의 도시계획 전문가 아쇼트 발로트라가 기획하고 설계한 이곳은 하수처리장이 없다. 대신 달공원 옆에 있는 거대한 습지로 하수를 흘려보내 자연적으로 정화가 이루어진다.

도서관에 소장된 수많은 도서와 DVD, CD, 전자도서 등은 접하는데 전혀 어려움이 없다.

"우리 함께베이 흐불Wij Gevoel; 우리라고 느끼고 인식함"라는 공동체 의식과 연대감이 삶 속에 물들어 있는 곳이다. 네덜란드 사회 곳곳에는 친환경 정책이나 도시계획, 교육, 금융, 디자인, 건축, 미술, EDM 음악 등 같은 유럽에서도 앞서가는 영역들이 보인다. 그러한 네덜란드에 아날로그의 반격 같은 움직임이 일어난다. 그중 하나가 공동체적인 삶이다. 함께 느끼고, 함께 생각하고, 함께 이루어가는 움직임이다. 발전된 현대문명 속에서 공동체 의식의 중요성을 일찌감치 붙잡고 사회 속에 그 이상을 실천해 간다.

 네덜란드 민족의 저력일 수도 있다. 불가능을 돌파하는 것에 그치지 않고 새로움을 만드는 기막힌 시도를 해온 민족이다. 땅덩이가 작아서 바다를 더 활용하는 방안으로 나가는 것은 물론 없는 땅을 만들기 위해 바다를 메워 땅 면적을 확장한 대단한 민족이다. 그들의 창의성과 한계를 모르는 개방성은 이미 역사에서 다양한 사례로 입증되었다.

 실제 네덜란드에 살면서 과거 한국에 있음직한 두레의식을 직·간접으로 경험했다. 마을마다 자치 행사와 축제가 대표적이다. 외국인이었던 우리 가족에게도 무슨 일이 생기면 가족처럼 나서서 도와주고 관심을 보여주던 이웃들이 늘 옆에 있었다. 마을신문이 일주일마다 정기적으로 발행된다. 광고부터 시작해서 꼭 알아야 하는

우리 마을의 새로운 소식, 함께 사는 이들의 소소한 이야기까지 마을신문에 실려 있다. 아이들이 일정기간 수영을 배우고 난 후 디플로마를 받는 날(물론 수영 고급반 수강생이 대상이다) 마을신문 기자들이 와서 사진을 찍고 기사를 마을신문에 게재한다. 마을 사람들의 역사가 고스란히 담겨 있는 마을신문이다. 네덜란드 전역이 그러하기에 헤이르휘호바르트만 공동체 의식이 각별하다고 볼 수 없지만 이 도시만이 가지고 있는 독특함이 있다.

에너지 자립을 목표로 세워진 이 계획도시는 다양한 사람들이 공존의 미학을 실현하는 곳이다. 태양의 도시 프로젝트를 기획할 때 애초부터 저소득층이나 신혼부부들을 위한 임대주택 비율을 40퍼센트 이상, 장애인과 노인을 위한 가구는 3퍼센트 이상으로 책정하

도서관 로비는 작정하고 만든 카페 공간이다. 바로 옆에는 시청으로 이어진다.
시청과 도서관 사이에서 향기롭게 여유를 즐길 수 있는 아늑한 공간이다.

고 진행하였다. 실제 거주하는 지역사회 시민들과 이 안건을 발의한 국회의원 모두 만족도가 높아 그 실효성이 입증되었다. 고급주택부터 여러 가구가 동시에 한 건물에 거주하는 다가구주택이 함께 어우러져 있다. 마을 주민들은 같은 학교, 같은 식당, 같은 슈퍼마켓을 이용하고 시청 건물 안의 공공도서관과 카페에서 일상을 공유한다. 식당이나 편의시설에는 장애인들을 고용한다.

100가지 재능을 가진 헤이르휘호바르트 도서관

    시청과 도서관이 어깨를 나란히 하는 그 공간에 들어가 본다. 2006년 12월에 개관한 헤이르휘로바르트 도서관에는 무려 4, 5층 전체를 차지하는 어린이 전용 공간이 있다. 이곳은 영아부터 13세까지 이용할 수 있다. 네모난 모양으로 이루어진 건물들 안에 시청과 도서관이 혼재되어 있다. 도서관이 세워진 후 아주 뜻깊은 프로젝트가 진행되었다. '100가지 재능을 가진 도서관'은 2003년 네덜란드도서관협회와 몇몇 단체에서 뜻을 같이 하여 어린이 도서관의 현대주의modernism를 실현하고자 시작한 의미 있는 프로젝트이다.

    이 프로젝트는 교육과 학습환경을 이상적으로 만들고자 시작된 움직임으로써 처음부터 프로젝트의 참여자이자 수혜자를 어린이로 설정한 것이 특징이다. 무한한 생각창고think-tank를 가진 8세부터 12세까지의 어린이들을 위한 이상적인 도서관을 만들고자 인근 몬

테소리 학교에 다니는 아이들을 기획 과정에 참여시켰다.

여기에는 특별한 교육이론이 적용되었다. 하워드 가드너[H. Gardner]의 다중지능이론을 도서관 기획부터 운영까지 접목시키자 크고 작은 변화와 혁신이 일어났다. 가장 큰 인식의 변화는 도서관이 그저 문자만 소장한 곳이 아니라는 것이다. 여기에 비언어적인 요소가 삽입되고 아이들의 정서와 행동을 고려한 디자인과 설계가 마련되었으며 오감을 자극할 수 있는 환경, 운동기능을 발휘할 수 있는 공

간, 사람과 사람 사이에서 일어나는 수많은 현상들을 이해하고 자신의 삶에 적용할 수 있는 교육적 환경을 구성하였다.

"도서관에서 아이들의 역할은 무엇인가?"라는 근본적인 질문을 던지면서 시작된 '100가지 재능을 가진 도서관'은 아이들이 거주하는 환경과 배우는 장소인 학교에서의 모든 것을 바꾸는 계기가 되었다. 이 프로젝트에 참여한 아이들은 자신들이 원하는 도서관의 이상에 대해 구체적으로 토론하고 기획하기 시작했다. 순진한 어린 아이의 날 것 그대로의 소원부터 숨겨진 욕망을 투영한 장치들로 도서관의 모습을 완성해갔다.

이 프로젝트에 참여한 아이들은 저마다 도서관에 있으면 좋겠다

이 도서관에는 아이들의 정서와 행동을 고려한 디자인과 설계가 마련되었으며 오감을 자극할 수 있는 환경, 운동 기능을 발휘할 수 있는 공간, 사람과 사람 사이에서 일어나는 수많은 현상들을 이해하고 자신의 삶에 적용할 수 있는 교육적 환경을 구성하였다.

100가지 재능을 가진 도서관 프로젝트에 참여한 아이들의 의견

- 마법사 공간
- 책만 빼고 다 있는 도서관
- 어두운 방
- A부터 Z까지 그림책방
- 빗물이 쓰는 편지
- 아트 스튜디오
- 계단으로만 이루어진 도서관
- 그림만 그리는 방
- 남자아이/여자아이만을 위한 방
- 전망대가 있는 도서관 옥상
- 그림이 있는 구석진 아뜰리에
- 어린이 주간 / 어린이 신문 발행
- 뮤지컬 방
- 호기심 방
- 청소년들만의 랩공간
- 소리방

는 공간에 대한 생각과 아이디어를 냈다. 그리고 그것은 하나의 책과 영상으로 제작되었다. 이 지역사회에 속한 아이들은 도서관 설립 과정에서는 기획자로, 도서관 건립 과정에서는 관찰자 또는 감독자로 참여하였다. 이후 도서관 이용자가 되었을 때에는 자신들이 도서관의 주인이라는 인식을 가지게 되었다. 어른들이 아이들의 의견을 귀담아 듣고 그대로 실현해 준 가치 있는 공간이 되었다.

　　100가지 재능은 곧 아이들이 의견을 낸 100가지의 기능을 하는 공간이라는 의미를 가진다. 이 프로젝트는 성공했고 이후 건립되는 도서관에 여러 가지 긍정적인 영향을 미치게 되었다. 지금까지 네덜란드의 수많은 도서관을 다녀보았더니 과연 그러했다. 특히나 어린이들을 위한 층에는 여지없이 아이들의 원하는 공간에 아이들이 좋아하는 물건들이 아이들의 취향이 반영된 디자인과 예술품이 전시되어 있음을 수차례 확인하게 된다.

커다란 동화책 같은 건물

흔히 우리가 어린 시절에 꿈꾸었던 모든 것을 비러 볼 때 '동화 같다'는 표현으로 압축한다. 동화책 같은 도서관은 한 번 쯤 마음속에 상상했던 소원들이 눈앞에 펼쳐지는 실제이자 기적 같은 현실이다. 도서관 외관의 모습을 보면 유리창과 데크의 단순한 조합만으로도 지나가는 이의 시선을 잡아끈다. 도서관 로비는 작정하고 만든 카페 공간이다. 바로 옆에는 시청으로 이어진다. 시청과 도서관 사이에서 향기롭게 여유를 즐길 수 있는 아늑한 공간이다. 지역주민들의 사랑방이자 이야기와 삶을 나누는 공존의 공간이다. 로비 한쪽에는 작은 무대가 있다. 거기서 아이들은 자유롭게 활동한다. 생일파티도 하고 노래도 부르고 연극도 한다. 주변에는 아이들이 그린 그림이 전시되어 있다. 동네소식을 전하는 지역신문과 전단지가 빼곡히 벽 한 면을 차지한다. 어린이부터 노인까지 체스를 즐기는 문화가 있어서 도

서관마다 체스놀이를 할 수 있는 도구와 공간이 있다.

각 층마다 테마를 달리한 인테리어가 보인다. 개성과 특성이 두드러지는 기구배치나 장식들을 보면 똑같은 것이 단 하나도 없다. 어린이들을 위한 공간인 4층과 5층은 아이들이 정말 좋아할 만한 곳이다. 도서관에 허클베리핀이 놀았을 것 같은 오두막이 있다. 여기서 연극 연습도 하고 발표도 한다. 행사가 없을 때는 누구나 들어가서 자신만의 오두막을 차지하고 시간을 보내도 무방하다. 구석진 곳을 좋아하는 아이들의 성향과 숨겨진 욕망을 배려해 준 따뜻한 환경구성이다. 주변에는 역할놀이를 할 수 있는 분장도구와 가발, 의상, 신발, 거울 등이 마련되어 있다. 아이들은 놀고 싶은 대로 놀면 된다. 아이들이 좋아하는 꼬마 기차 안에는 헝겊책과 인형이 들어 있다. 아이들이 기차 한 칸에 들어가 멋대로 책을 가지고 놀 수

> **헤이르휘호바르트 도서관 프로젝트에서 선언한 도서관의 사명**
>
> 어린이들이
> ~ 다양한 형식의 풍부한 미디어 자료를 접하기 쉬워야 한다.
> ~ 활동을 조직하고 개발하는 데 참여한다.
> ~ 최상의 자료를 배치하고 보기 쉽고 눈에 띄어야 한다.
> ~ 학교 수업을 잘 준비할 수 있어야 한다.
> ~ 다채로운 방법(전문가의 도움, 과학, 기술, 문화 등)으로 정보를 찾을 수 있어야 한다.
> ~ 경험과 정보를 맞교환할 수 있어야 한다.
> ~ 우리 도서관과 주변 환경에 어떤 일이 일어나고 있는지 반드시 알아야 한다.
> ~ 예술가, 기술자, 과학자들과 예기치 못한 활동을 수행해야 한다.
> ~ 서로 서로 도서관을 '비밀의 집'으로 만들어간다.
> ~ 다시 또 오고 싶은 곳으로 만들어야 한다.

있다.

각 층마다 소장하고 있는 책이 다름은 물론이고 도서 성격에 맞는 인테리어와 장식은 도서관의 품격을 한층 높여준다. 조용히 음악감상을 하거나 창밖을 보며 휴식을 취할 수 있는 휴게 공간, 각종 관심사와 취미생활을 할 수 있는 공간이 마련돼있다. 창틀, 장식품, 꽃병, 화분 심지어 휴지통까지 디자인이 남다른 물건들이 비치되어 있음을 보며 문화적이고 예술적인 곳이 도서관임을 발견하게 된다.

도서관에서 진행하는 프로그램도 다양하다. 무엇보다 어린이와

창밖을 보며 휴식을 취할 수 있는, 각종 관심사와 취미생활을 할 수 있는 공간이 있다.

청소년을 위한 프로그램이 상당하다. 지역사회 주민을 위한 다채로운 문화 행사는 기본이고 수많은 강의 및 토론회는 정규프로그램으로 정착되었다. 노인과 외국인을 위한 언어교육 프로그램, 복지관이나 문화센터에서 진행되는 여러 가지 교양 강좌나 워크샵 프로그램도 운영한다.

    도서관에 소장된 수많은 도서와 DVD, CD, 전자도서 등은 접하는데 전혀 어려움이 없다. 도서관 앱을 통해 전달되는 소식이나 참여할 수 있는 프로그램도 정말 다양하다. 도서관이 시청과 함께 협업하는 느낌이다. 그들이 원하는 모든 문화 생활을 할 수 있는 허브 Hub이다. 우리집 도서관 서비스도 시행한다. 도서관에 올 수 없는 이들을 위한 맞춤 이동 대출 서비스이다. 소수일지라도 그 도시의 시민이라면 응당 누릴 수 있는 모든 혜택을 충분히 제공해주는 이 사회의 가치관이 보인다.

사람이 중심인 헤이르휘호바르트 도서관

어린이들의 목소리에 귀 기울여 주고 어른이 직접 마법지팡이를 구해와서 어린이들의 소원을 들어주는 그들은 이 태양의 도시에 살고 있는 진짜 영웅일지도 모르겠다. 모두가 자신을 생각할 때 함께 숨 쉬고 있는 이웃을 생각하며 함께하는 문화를 만들어 간 이들이다. 다른 사람의 즐거움에 함께 즐거워해주고 슬픈 일에 함께 슬퍼해 주는 그런 영웅들이 만들어 낸 태양의 도시 속에 보석 같은 도서관의 품격은 과연 이러했다.

사람이 중심인 헤이르휘호바르트는 네덜란드의 공동체의식 '우리 함께'를 스케치 할 수 있는 사람냄새 가득한 우분투Ubuntu이다. '우리가 함께 있기에 내가 있다'라는 아프리카의 우분투를 경험할 수 있는 곳이다.

어린이들이 행복한 도서관

파리 비블리오 루도데크 어린이 도서관 | 쾰른 시립도서관 | 호른 시립도서관

파리 비블리오 루도데크
어린이 도서관

이름만 들어도 설레는 파리에서 만끽하는 플로랄 공원^{Parc Floral de Paris} 안에 있는 파리 비블리오 루도데크 어린이 도서관^{Maison Paris Nature Bibliotheque nature}은 도서관 안에 숲속을 옮겨 놓은 것이 아니라 숲속에 도서관을 옮겨 놓은 듯한 자연 도서관이다. 자연에 위치한 내 집 같은 좋은 곳에서 어린이들이 가장 자연스럽게 책과 더불어 살도록 만든 어여쁜 어린이 도서관이다.

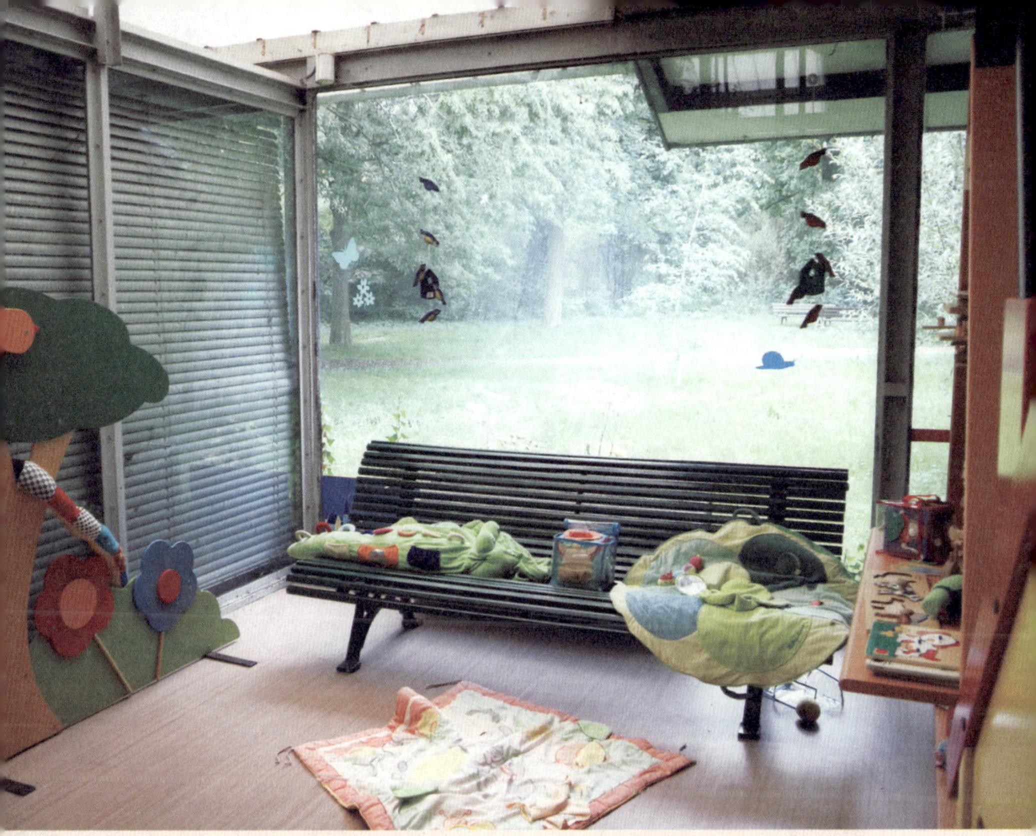

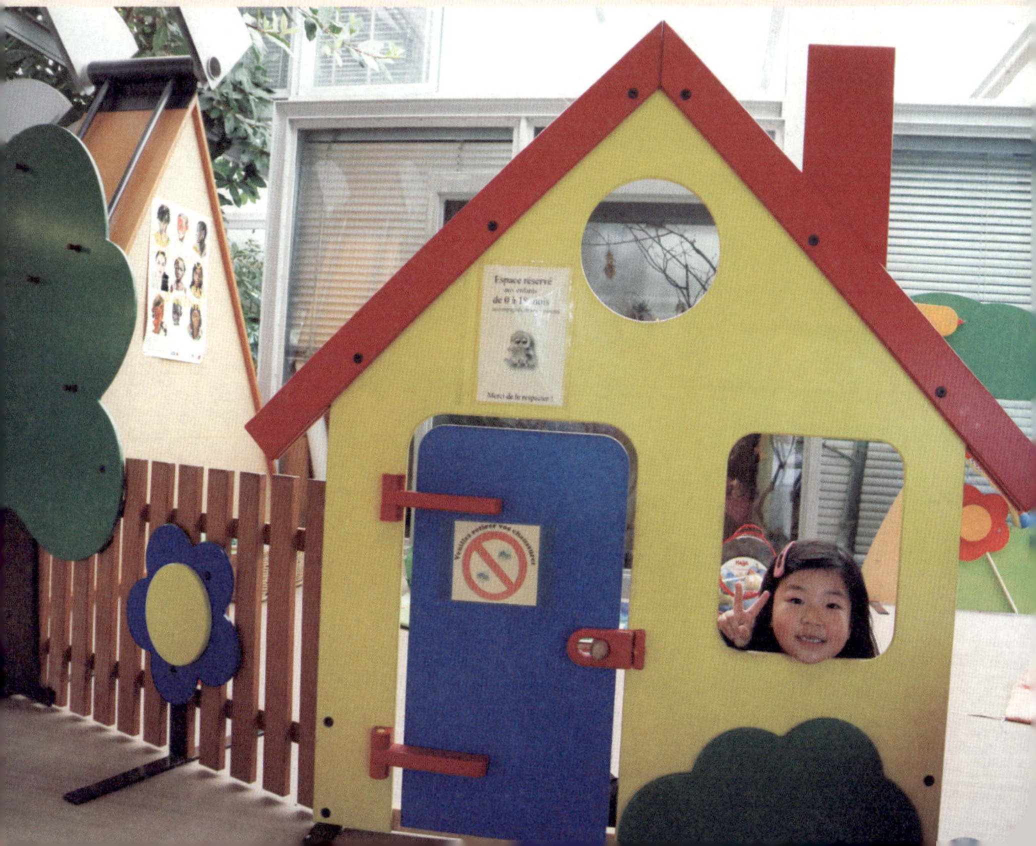
Espace réservé
Merci de le respecter !

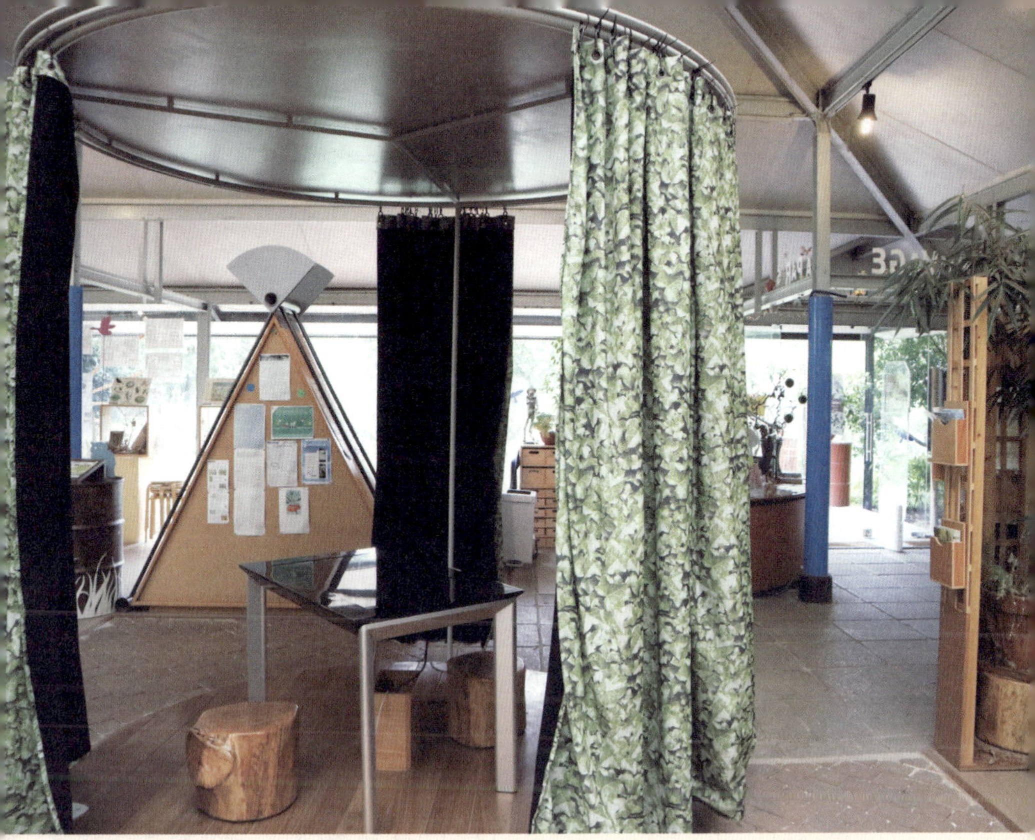

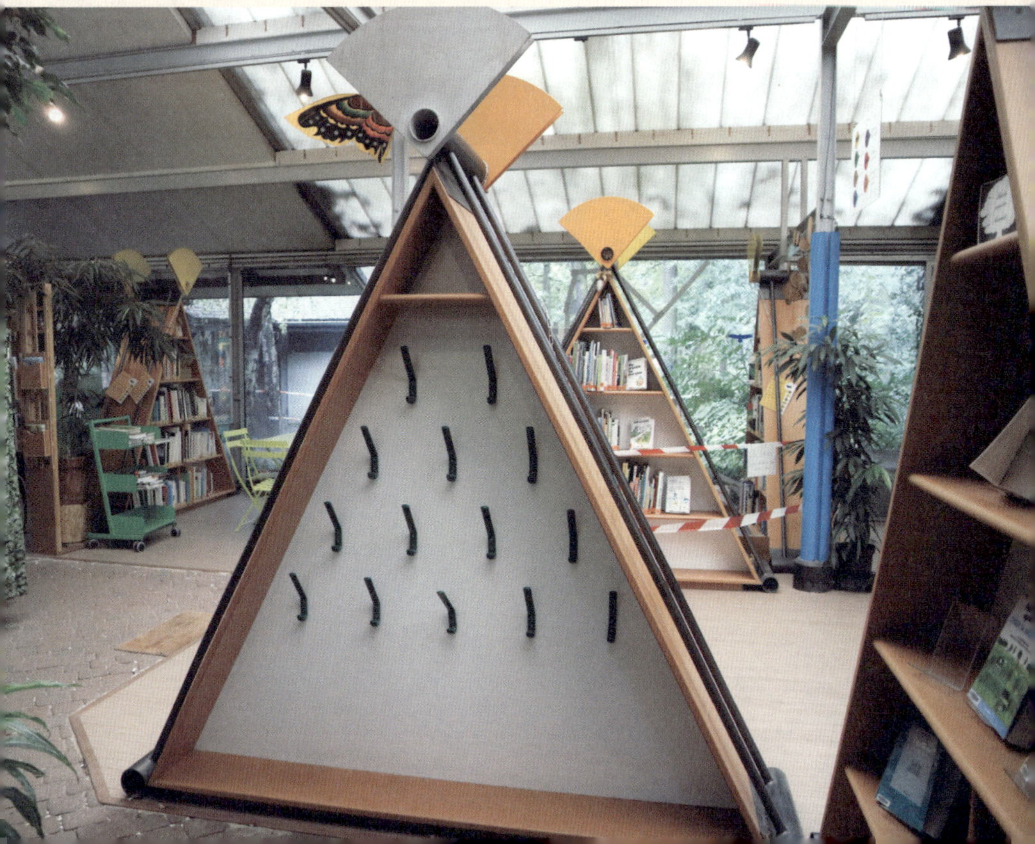

쾰른 시립도서관

　독일에서 가장 혁신적인 도서관인 쾰른 시립도서관은 세계 최초 3D 프린터 설치, VR^{Virtuelle Realitat}, 가상현실과 AR^{Augmented Reality}, 증강현실 공간을 마련하여 체험을 위한 정규 프로그램을 독일 내에서 최초로 실행한 도서관이다. 이 도서관에는 인공지능로봇이 있을 뿐만 아니라, 도서관 이용자들을 위해 4층에 만든 창작 공간 메이커스페이스^{Makerspace}가 마련되어 있다. 도서관을 넘어서 스마트 복합문화 공간임을 여실히 보여주는 예다. 게임을 올바른 문화로 정착시키기 위해 어린이들에게 적극 게임을 권장하는 4차 산업혁명을 주도하는 도서관이다.

RICHARD

JOHN GRISHAM
ROBERT HARRIS
STEPHEN KING
DOCTOR SLEEP
NELE NEUHAUS
BÖSER WOLF
DIE LEBENDEN UND DIE TOTEN
CAMILLA LÄCKBERG
ELIZABETH GEORGE
1815
ADLER OLSEN
ÜBER MAN
SCHÄTZING BREAKING NEWS
CECELIA AHERN
KATHY REICHS
KLÜPFEL KOBR
Herzblut
Grimmbart
JO NESBØ
SOHN
BOYLE
KOLYMA
SPARKS

Musikzimmer　　　　　　　　　　　Antiquariat

호른 시립도서관

네덜란드 호른Hoorn 시에 있는 호른 시립도서관의 별칭은 바벨 도서관이다. 이곳은 진정 어린이들의 놀이터 같은 도서관이다. 이곳에는 흥겨운 음악과 함께 전후좌우 방향의 발판을 밟으며 춤추는 DDR Dance Dance Revolution 게임기도 있어 아이들이 즐겁게 오락할 수 있는 진정 어린이들의 놀이터이다. 다양한 게임기뿐만 아니라 역할놀이를 할 수 있는 각종 분장도구와 의상이 마련되어 있다. 축제를 즐기는 그들의 문화가 도서관 안에 그대로 묻어난다. 유명 디자이너가 디자인 한 도서관 인테리어가 자랑거리이다. 중요한 것은 아이들의 의견에 귀기울였다는 점이다. 아이들이 구석진 자기만의 공간을 좋아하고 모험을 좋아하고, 옥상을 좋아하는 어린이들의 마음을 충분히 헤아려 디자인 한 인테리어라는 것에 주목해야 한다.

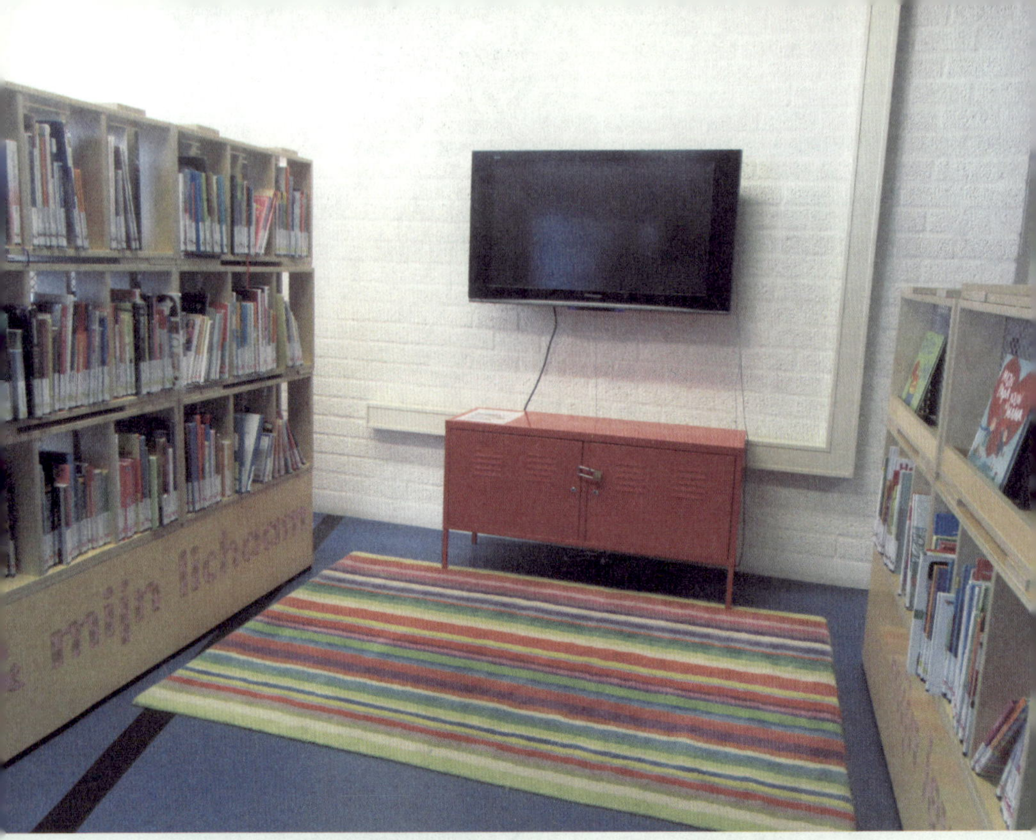
mijn lichaam

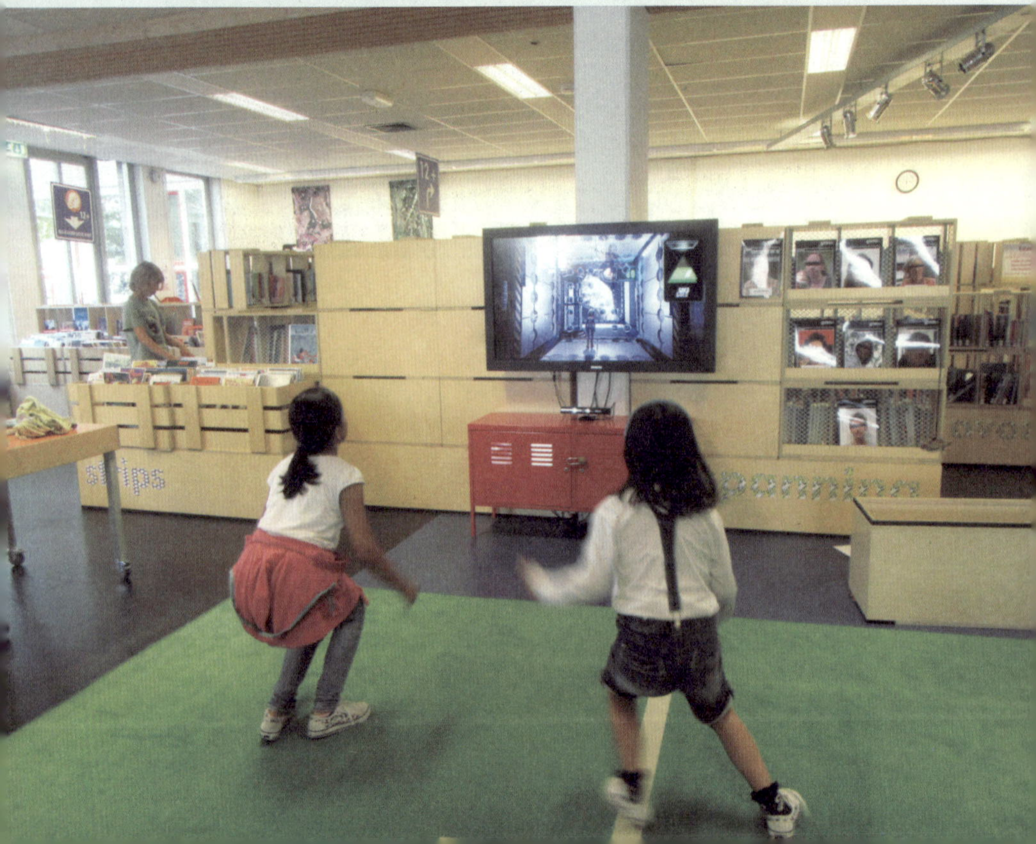
strips

02

엄마들이 행복한
코다 도서관

네덜란드의 도서관은 정말 훌륭하다. 명성 있는 건축가들이 설계하는 것부터 심상치 않지만, 그 안에 꾸며진 인테리어는 더치 디자인Dutch Design의 참모습을 자연스럽게 보여주기도 한다. 빽빽하게 책이 들어차 있는 창고 서재 같은 느낌이 아니라 풍경 속에 책이 들어가 있는 창의력 공간으로 꾸며져 있다. 그 안에 문화가 있고, 쉼이 있고, 노래가 있고, 그림이 있고, 먹거리가 있다. 지식인들의 점유공간이 아니라 나와 이웃들이 함께 어울림을 만들어 가는 살아있는 문화공간이다. 그러기에 네덜란드 도서관에는 빈 공간이 많다. 빈 공간은 도서관에 필요하다. 가득 차 있는 공간에 비집고 들어갈 엄

두를 내지 못하는 이들을 위한 최초의 배려가 숨겨져 있는 디자인 철학이다. 텅 빈 공간을 설계하는 그들은 그 안에 무궁무진한 공간을 재창조할 여지를 만들어 놓는다.

그래서일까? 아펠도른Apeldoorn의 코다CODA 도서관에 드나드는 사람들의 자연스러운 삶조차 멋스럽다. 코다 도서관은 하나의 건물이 아니다. 한 지붕의 세 가족처럼 한 지붕 아래 박물관 · 도서관 · 아카이브가 나란히 연결되어 있다.

"코다를 보고 듣고 경험하고 발견하세요. 거대하고 다채로운 수집물을 보유한 문화 백화점을 즐기십시오."

— CODA 디렉터 Carin E.M.Reinders

지하의 어린이책 코너는 마치 키즈카페 같다.

코다는 메가 문화센터라고 보는 것이 더 정확하다. 미술관에서 하는 전시회도 늘 흥미롭다. 미술관과 도서관을 연결하는 실외 공간에서 전시회와 축제가 벌어진다. 재즈 소리가 넘실대고, 보기에도 좋고 먹기에도 좋은 간식들을 팔며, 관람을 위한 작은 벤치도 마련되어 있다.

도서관 한 코너에는 미술관(박물관)을 연장하듯 그 달의 주제에 맞는 전시물을 전시한다. 왔다 갔다 하면서 탐색하고 즐기는 일들이 흥성스럽게 이루어지고 있다. 누구에게나 개방되어 있으며 자유로이 토론할 수 있는 분위기가 조성되어 있다. 낯선 이방인들은 자신이 이방인이라는 생각만 버리면 스스럼없이 생각과 지식과 경험을 주고받을 수 있다. 언제든지 준비되어 있는 열린 공간들이다. 그

것이 코다의 운영철학이자 방침이기 때문이다. 높은 수준의 문화를 누린다는 것은 수동적인 감상을 의미하지 않는다. 보고 듣고 경험하고 발견하는 것을 근간으로 하여 여기에 자신의 생각과 의견을 제안하는 것까지 구조적으로 이르게 한다. 그래서 바로 당신과 함께 이러한 것들을 일구어나간다고 자신 있게 외치는 복합 문화공간이다. 코다 문화센터의 한 주축인 도서관은 그래서 더욱 특별하다.

입구에 들어서자마자 보이는 것은 각종 포스터와 광고문, 그리고 자율 책반납대와 안내데스크가 있다. 전체적으로 하얀 벽돌과 시멘트로 지어져 있기에 차분하고 깔끔한 인상을 준다. 아래층으로 내려가면 반전으로 인한 놀라움에 숨을 헐떡이기 시작한다. 아이들이 즐겁게 노는 실내놀이터도 이만큼 훌륭하지 못하리라.

거대한 미끄럼틀을 타려고 오르내리는 아이들, 양과 돼지 등에 올라타 즐겁게 노는 어린이들, 게임에 열중하느라 조용한 오빠와 언니들, 공주 옷을 입어보기도 하고 화려한 색상의 가발을 써보기도 하고, 미니 소극장에서 직접 인형극을 공연하는 아이들이 가득한 공간이다.

배로 기어 다니면서 겨우 고개를 드는 아가들은 언니가 읽어주는 동화를 듣기고 하고 딸랑이를 가지고 놀기도 한다. 엄마들은 아이가 자유로이 노는 모습을 간간히 지켜보며 책을 읽기도 하고 잡지나 신문을 보기도 한다. 동네 할아버지, 할머니들은 어여쁘고 편안한 의자에 앉아 느긋하게 신문을 보거나 소설책을 읽는다. 아이들의 소음 소리는 그다지 크지 않다. 시장에서 떠들썩하는 소리보다 정겨운 소음이다. 누구 하나 감시하거나 주의를 주지 않아도 풀어

GROENTEN EN FRUIT

놓은 아이들은 스스로를 규제하며 적절히 떠들고 적절히 움직인다. 마음껏 놀 수 있는 자유를 즐길 줄 알기 때문이다. 남에게 피해를 주지 않는 선에서 자신에게 주어진 자유를 누리는 것을 자연스럽게 체득한 그들의 생활방식이다.

위층으로 올라가 본다. 다양한 모양과 색상의 의자들이 이 의자에 앉아서는 미술책을 읽고 저 의자에 앉아서는 소설책을 읽는 것을 상상해보다가 이내 행복해진다. 동네 주민이라면 날마다 의자를 바꾸어 앉아가며 다른 책을 읽는 재미도 하나의 큰 흥밋거리가 될 듯싶다.

입시 준비나 각종 시험을 준비하는 수험생들이 가득한 한국도서관의 모습이 익숙한 이들에게는 이런 자유분방해 보이는 도서관은 혁명처럼 다가온다. 할아버지가 책을 읽는 모습은 영화의 한 장면 같고, 할머니가 헤드셋을 끼고 음악 감상을 하는 모습은 귀족부인이 누리는 호사처럼 보인다. 심지어 엄마들도 그림도록을 넘겨보면서 아이와 함께 도서관에서 느긋한 시간을 보내는 모습은 시골쥐가 서울쥐 집에 놀러 가서 받은 인상보다 격한 문화충격과 같으리라.

저들의 여유로움은 어디서부터 시작되었을까? 굳이 도서관에 가지 않더라도 여기저기 동네 이웃들의 행동에서도 여유로운 모습은 자주 관찰된다. 집 앞 벤치에 나와 책을 보는 동네 이웃들, 수영장 썬베드에서 반쯤 누워 책을 보는 사람들, 바닷가에서 물놀이를 하는 중에도 잠시 동안 책을 보는 바캉스족들을 보면서 책을 보는 그들에게 단지 여유로움만 훔쳐보았다면 그들의 삶을 제대로 이해한 것이 아니다.

유럽여행을 간 많은 사람들이 여행지에서 책을 읽는 한가로운 모습을 사진기에 담고 그들의 여유로움을 칭송하고 부러워하는 것을 종종 접하게 된다. 그들이 현재 누리는 여유와 품위는 절로 이루어지는 것이 아니다. 천천히 사는 법을 어려서부터 보고 배우고 그 삶을 영위해 나가는 것을 우리는 하루아침에 따라잡을 수 없다. 겉모습은 흉내 낼 수 있어도 마음 깊숙한 곳에 잔잔히 흐르는 돌아볼 줄 아는 여유로움과 넉넉함은 진지한 삶의 결단 없이는 모방이 불가능한 삶의 양식이다. 거대담론으로 유럽의 역사를 거론하지 않더라도 이들의 자유와 평등과 박애를 향한 몸부림의 역사는 피비린내 가득한 치열한 역사이다. 그 오랜 세월 모멸과 자랑스러움이 교차된 시간이 켜켜이 쌓여 오늘을 이루어 내고 힘겹게 지켜가는 여유로움인

도서관에서 아이들은 스스로 규제하며 적절히 떠들고 움직인다.
마음껏 놀 수 있는 자유를 즐길 줄 알기 때문이다.

것이다. 만들어낸 것에 만족하지 않고 지켜가는 그들의 역사이다. 누군가가 성급하게 서두르면 옆에서 제재를 가한다. 혼자만의 앞서 감이나 일탈을 주의 깊게 바라본다는 의미다. 함께 이루어낸 '다 같이 한걸음'의 가치를 알기에 지켜가려고 노력하는 것이다.

  한 사람의 마음이 진정으로 움직여지도록 기다려주고 설득하고 설명하는 등의 시간을 헛되다 여기지 아니하고 협력을 만들어 가는 과정이라 생각한다. 대화와 설득과 토론이 사회적으로 통용되어 있다. 이들에게 다른 사람을 배려하는 것은 지극히 정상적인 절차이다. 그 과정이 있어야 비로소 진정한 협력이 된다는 것을 몸으로 익혀온

나무 오두막 위에 올라가 눕기도 하고 앉아서 책을 보기도 하는 아이들.

사람들이다. 졸속이 무책임하다는 것을 온몸으로 겪은 이들이다.

코다의 철학은 이러한 것을 모두 담아냈다. 그것의 결정체가 도서관이라고 보아도 무방하다. 2, 3세 아가들을 위한 북스타트 프로그램 운영, 어린이들을 위한 다양한 프로그램, 청소년들을 위한 별도의 프로그램, 어른들을 위한 문화적 연계 프로그램, 이방인들의 네덜란드어 학습을 위한 언어 프로그램 등 각 프로그램 속에 토론은 기본이고, 각종 문화 프로그램을 진행하는데 의견 개진이나 의사소통 참여는 언제든지 열려있다. 도서관의 운영방침과 이용방법에서 다른 이들을 배려하는 것은 실제 이용하면서 몸소 배우게 된 산 지식이다. 공공의 질서를 위해 최소한의 예절을 지켜가는 것이다. 무엇보다 공공복지의 실현이라는 점은 크나 큰 매력이다.

처음 지하의 어린이책 코너를 돌아보면서 이곳은 도서관이 아니라 키즈카페가 아닌가 하는 인상을 강하게 받았다. 그러나 곧 여기는 도서관이라는 것에 대해 흐뭇하였다. 아펠도른 시민이라면, 아

니 단순하게 방문한 사람이라도 (대출을 제외한 모든 자료를 자유로이 열람할 수 있다) 마음 놓고 도서관의 모든 시설과 책과 자료를 향유할 수 있다는 것이 얼마나 큰 특장점인가? 한국에서 키즈카페를 이용해 보지 않았지만 (물론 이 나라에도 있다) 엄마와 아이들이 동시에 만족할 수 있는 공간이라는 점에서 매력적인 장소라는 것은 안다. 하지만 청결과 위생, 이용료, 보유한 장난감이나 설비들의 수준에 따라 만족도가 달라질 것이다. 그런데 이 도서관은 공공복지가 실현되는 곳이다. 청결과 위생의 문제는 정기적으로 점검 및 관리가 되며, 도서관장의 역량에 따라 보유하는 책과 자료들이 구비될 것이다. 지역마다의 특색을 살린 특색사업이 이루어지고 시민들의 쉼터가 되고 사랑방이 될 수 있도록 만들어가는 도서관 문화가 자리 잡은 곳이 네덜란드이다.

　공존공생이 자연스럽게 실현되고 있는 곳이 바로 도서관이다. 이곳에도 물론 경쟁이 있다. 해마다 올해의 도서관을 정하는 행사가 있어 도서관마다 개성을 강조하고 특성 사업을 벌이기도 한다. 아름다운 경쟁이다. 누구를 떨구어 내는 경쟁이 아니다. 공존을 하기 위해 공생을 할 수 있는 시작점은 이들의 삶 전반에 녹아져 내린 여유로움이다. 이곳 도서관에는 공부만 하러 오는 이들보다 그들의 삶과 정신을 풍요롭게 하기 위해 책을 읽으러 오는 이들이 더 많다. 그래서 늘 문화적인 요소가 곁들여져 있다. 이것이 네덜란드 도서관의 가장 큰 특징이다.

　책도 보는 바보는 있을지언정 책만 보는 바보는 없다. 도서관의 경계를 허물어가면서까지 그들이 도서관에 투자하고 일구어 내는 다방면의 노력은 한 명의 천재가 일구어가는 애씀이 아니라 마을 시민들이 함께 만들어가는 것이다. 도서관을 운영하는 이들과 도서관을 이용하는 이들이 모두가 한마음으로 책과 도서관을 아끼고 사랑하며 채색해가는 과정일 뿐이다. 네덜란드인들의 삶 속에서 우러나오는 배려와 관용과 여유의 근원은 이들의 역사와 무관하지 않다. 유럽에서 가장 관용적인 나라가 네덜란드인 것은 수많은 역사 속의 인물들이 그 증언자들이다. 그들의 삶과 철학을 담고 있는 곳 중의 하나가 바로 도서관이다. 네덜란드 도서관 여행은 그래서 의미가 있다.

　사랑하는 딸들이 소박한 즐거움을 누릴 수 있는 아이들로 자라주

어 고맙다. 행복을 비교하며 가늠해보는 것이 좋지 않다마는, 내가 어느 곳에 처해 있는지를 알 수 있는 지표가 되기에 한 번쯤은 비교 행복론을 끄집어본다. 흥미롭고 화려한 볼거리와 놀거리 가득한 곳에 데려가 주는 것도 아니고, 맛집이라고 소문난 곳에 가지도 못하고, 박물관 카드로 갈 수 있는 곳과 책을 실컷 볼 수 있는 도서관과 서점만 데리고 다니는데도 쫄래쫄래 따라다니며 "고맙습니다"라고 말하는 아이들이 참 고맙다. 어쩌다 아이스크림 하나 사준 것만으로도 감지덕지하여 인사하는 아이들에게 미안함을 감추고 기특하다는 말로 칭찬해줄 뿐이다. 그럼에도 잘 따라주는 아이들에게 내심 고맙고 미안하다.

그 가운데 아이들이 배운 것이 있다면 자그마한 것에서 감사함을 느낀다는 것이다. 감사함은 마음의 여유가 없으면 잘 표현되지 않는다. 아이들이 이곳에서 네덜란드 친구들과 뛰어놀며 서로를 배려

하고 다름을 존중해주는 문화 속에서 자연스럽게 지내왔기에 스스럼없이 아이들도 다른 이들을 배려할 줄 아는 사람으로 성장하리라 믿고 바란다. 도서관에 드나드는 친구들과 어른들의 태도에서 질서를 배우고 도서관에서 진행되는 여러 행사들을 엿보면서 다양함을 몸소 경험하는 것들이 아이들의 자양분이 될 것이다. 이 경험은 그 무엇과도 바꿀 수 없는 경험이다.

그 경험에서만큼은 아이들이 부자인 것 같다. 가난한 경험이 아니라 경험이 가난하지 않다는 의미다. 네 딸들보다 수많은 가난한 경험자들을 위해 딸들의 풍부한 경험을 나누고 전하는 진정한 어른으로 성장할 것을 기대한다. 마음껏 행복해보는 어린 시절의 경험이 앞으로도 아이들의 인생의 밑거름이 될 것이다.

코다 도서관이 마음에 들었는지 다음에 또 가자며 마치 놀이동산 갔다 온 마냥 떠드는 딸들의 순진무구함에 미소 짓는다.

여행자들까지도
행복한
퐁피두센터 도서관

 도시 자체가 예술인 파리에서 루브르·오르세 미술관 이외에 들려야 할 곳이 너무 많은 것이 행복한 푸념일지도 모르겠다. 복합문화공간으로서의 입지와 현대미술의 중심지로써의 역할을 하는 퐁피두센터는 수년 전부터 가고 싶은 곳 중 하나였다. 맨 처음 파리에 갔을 때 그냥 지나쳐서 안타까워했던 퐁피두센터. 그 안에서 거장들의 작품을 보고 싶은 마음과 과연 그 건물은 얼마나 신기할까에 대한 호기심은 몇 년 동안 다시 파리를 꿈꾸게 만드는 동인이었다.
 단지 처음에는 현대미술관으로만 알고 있었던 퐁피두센터. 그 이름을 정확하게 아는 것부터 내가 가지고 있는 개념을 틀어버렸다.

2층에서 내려다 본 퐁피두센터 도서관 1층.

부끄럽게도 이 명칭 안에 있는 개념들을 지금까지 놓치고 있었던 것이다. 박물관(미술관), 음악·음향 기록물 보관, 공업창작센터와 함께 도서관은 퐁피두센터를 구성하는 주요한 요소이다. 또한 도서관은 다른 예술과 연계해주고 융합해주는 역할과 함께 정보창고의 독립적인 기능을 하는 문화공간이다. 퐁피두센터 안에는 미술관을 비롯하여 극장, 서점, 도서관이 함께 건재하고 있다. 퐁피두센터는 그 외양에서부터 사람들의 상당한 관심을 끌었고 수준 높은 현대미술을 전시하는 것으로 유명세를 가지고 있다. 그 소문에 흑하여 간 그곳에서 오히려 나는 도서관에 먼저 가게 되었다. 결국 아직도 퐁피두센터에 있는 미술관은 바깥에서만 구경하고 안에서 작품 감상을 하지 못하여 아쉬움이 남아 있다. 비교적 늦은 시간에 갔는데도 열람실에서 공부하는 학생들, 미디어 자료실에서 열심히 자료를 찾는 어르신들 모두 열중하는 모습이 인상적이었다. 파리에 있는 한국 유학생들도 상당수 볼 수 있었다.

　파리를 대표하는 정보 도서관의 중추적 역할을 하는 곳이다. 프랑스 국립도서관의 방대한 자료를 나누어 보관하기 위해 퐁피두센터 내에 별도의 도서관을 설치한 것이다. 3층에 걸쳐 1300여 석을 갖춘 열람실이 있고 인문학, 어학, 경제, 예술 등 각 분야별 도서 43만여 권을 소장하고 있는 대형 도서관이다. 누구에게나 개방되어 있고 다양한 연령층이 이용할 수 있는 편의시설과 참여 프로그램이 있다. 누군가는 노숙자도 마음 놓고 이용할 수 있도록 만든 개방적인 도서관이라고 표현한다.

　이곳을 드나드는 모든 이들에게 정보와 자료가 공개되고 원하는

퐁피두센터 도서관 2층이다.

만큼 필요한 만큼 충분히 이용할 수 있도록 하는 것이 시공계획에 서부터 기획되어진 도서관의 주요 목적이다. 퐁피두센터의 전시와 연계된 독서활동을 지원하고 시민들이 자유롭게 예술을 즐기고 감상할 수 있는 공간으로 만듦과 동시에 최신 정보들을 제공하여 새롭고 진보적인 도서관의 이미지를 구축해나가는데 노력을 하고 있다. 이용자들의 특성에 따른 차별화된 프로그램을 만들어 제공하고 있다. 가령 취업준비생이나 퇴직자와 구직자들을 위해서 최신 정보를 제공해주고 지역사회에서 요구하는 능력을 갖출 수 있는 프로그

퐁피두센터 로비.

램도 지원해주고 있다.

청소년들이 즐길 수 있는 비디오 게임실도 있고 여가를 즐기려는 이들은 이곳에 있는 수많은 영상과 음향자료를 마음껏 이용할 수 있다. 2층의 칸딘스키 도서관에는 조형예술 관련 도서들이 다량으로 구비되어 있다. 맨 아래층에는 유아들이 책을 보고 놀 수 있는 자그마한 공간이 마련되어 있다. 오프라인에서 접할 수 없는 자료들은 온라인에서 얼마든지 구할 수 있도록 각 층마다 컴퓨터가 구비되어 있다. 종종 도서관 관련 행사와 전시회도 열리고 인문학 강좌도 열린다.

미술관과 대등하게 존재하는 퐁피두센터 도서관

줄 서서 들어간다는 인기 많은 도서관이 바로 퐁피두센터 도서관이다. 마치 우리나라 도서관에 수험생들이 줄 서서 들어가 열람실에서 열심히 공부하듯 이곳도 수많은 학생들과 성인들, 노인들이 각자의 필요에 따라 책과 자료를 열독하고 공부한다. 그 모습에 진중한 감동을 받는다. 자칫 시끄러워지기 쉬운 위치다. 극장이 한 건물 안에 있고 맛있는 음식점과 향기 좋은 카페들이 줄줄이 늘어선 가운데 고집스럽게 놓인 도서관의 모습은 그 어느 것에 주눅 들지 않고 자신만의 고유한 색깔로 우직하게 서있는 위엄이 느껴지는 도서관이다. 저렇게 자신만의 세계를 준비하며 공부하는 이들을 보며 오랜만에 살가운 희망을 느끼게 되었다. 취업과 입시 준비로 인한 공부를 포함하여 평생교육의 차원에서 자신의 시간과 정성을 들여 밤늦도록 수고하는 이들의 다채로운 몸부림이 아름다운 도서관의 풍경이었다.

04

친환경주의자들이 아끼는 스키담 도서관

초록초록한 하루를 살아가게 만드는 스키담 친환경 도서관

네덜란드 항공KLM:Koninklijke Luchtvaart Maatschappij에 탑승하는 비즈니스 클래스 승객들이 받는 특별한 선물이 있다. 쥬니버Genever라는 네덜란드 진Jin이 담긴 델프트 블루Delft Blue 미니어처인 전통 네덜란드 하우스가 그것이다. 푸른 도자기로 유명한 델프트 블루 도자기라 소장가치가 있지만 무엇보다 주류 애호가들에게는 더없이 매력적인 네덜란드 진이 담겨 있어 일부러라도 비즈니스 클래스를 꿈꾸는 사람들이 있을 정도로 인기 있는 선물이다.

스키담은 볼스회사를 비롯한 맥주와 진의 양조장이 들어서 있어
활발한 주류거래가 이루어지는 무역 도시였다.

볼스Bols Royal Distilleries는 현존하는 가장 오래된 증류 회사이다. 1575년에 스키담Schiedam에 세워진 이 회사는 17세기부터 진을 제조해 온 유서 깊은 회사다. 지금도 스키담 시민들은 네덜란드 진에 대한 강한 자부심을 표현한다. 네덜란드 항공에서 마련한 델프트 블루 하우스 미니어처에 쥬니버 35도 진을 담아 선물해 주는 것은 네덜란드의 자부심을 술병에 담아 건네주는 것과 같다 (물론 모든 델프트 블루 하우스 미니어처에 술이 다 담긴 것은 아니다. 진이 담긴 미니어처를 받는 승객도 있고 미니어처만 받는 승객도 있다. 이것은 순전 항공사의 재량이다).

꼬른베어스Korenbeurs; 1786~1792는 고전주의 양식으로 지어진 스키담 시市의 대표적인 랜드마크의 하나이자 역사적인 기념물이다. 세계적으로 명성이 높은 네덜란드 진의 역사를 머금은 국립기념물이다. 스키담은 볼스Bols 회사를 비롯한 맥주와 진의 양조장이 들어서 있어 활발한 주류거래가 이루어지는 무역 도시였다. 시市에서는 곡물과 맥주와 와인, 진의 거래를 위한 대규모의 박람회의 필요성이 대두되면서 이를 위한 건물을 짓기로 결정했다. 꼬른베어스 건물은 건축가 지우디치Giudici가 설계했다. 약 6년여의 공사기간을 거친 후 1792년에 완성됐다. 이후 전국 각지에 모인 상인들이 건물의 안뜰에서 거래를 하게 된다. 진 산업의 황금기인 18세기를 보내는 동안 이 건물은 수차례의 수리와 복원, 재건 작업을 거치면서 증권거래소 역할을 톡톡히 해낸다. 무려 1918년까지 지속되었으니 무려 125년 동안 스키담은 네덜란드 진 산업의 메카로 존재해 왔다.

이 건물은 1918년에 본연의 기능을 잃고 문을 닫는다. 이후 이 건물은 상인들의 거래물품 교환소와 전시장으로, 탁구 클럽으로, 지자체의 필요 공간으로, 가구들의 전시장으로 사용되어 왔다. 2015년에 BBC가 선정한 새로 지은 멋진 미술관 TOP 8 중의 하나로 선정한 스키담 시립미술관Stedelijk Museum Schiedam(MVRDV건축사는 기존의 신고딕양식의 건축물에 새로운 책장을 설치하여 새로운 양식의 박물관으로 탈바꿈시켜 놓았으며 이것이 수상 이유이다)의 분관과 아트센터 재단 건물로도 사용된 이력을 가지고 있다.

협회와 시市에서는 오랜 세월 동안 대대적인 회의를 거듭한 결과 역사적인 이 건물을 도서관으로 재탄생시키기 위한 계획을 착수한다. 그리고 2015년 6월 6일 스키담의 공공도서관으로 변신하여 시민들의 환호를 받았다. 네덜란드의 최초 녹색 도서관, 친환경도서관이라는 예쁜 이름표를 받은 스키담 공공도서관은 스키담의 '최고의 안 뜰'로 그 역할을 톡톡히 해내왔다.

2015년에 스키담 공공 도서관은 더 그레이트 인도어 어워드The Great Indoors Award 수상 후보로 지명되기도 했다. 이는 런던 디자인 박

층층이 올라가면 어김없이 각 섹션별로 나무 박스 안에 있는 책들이 보인다.

물관 감독, 빅토리아 앤 알버트 박물관 큐레이터와 같은 심사위원들이 평가하는 국제적인 상으로 상점·휴게공간·공공기관 디자인의 혁신성을 심사하는 상이다. 당시 39개국에서 총 271개의 작품들을 출품했기에 수상 후보로 지목된 것조차 대단한 이력이다. 2016년에는 네덜란드의 최고의 실내조경 프로젝트에서 영예의 수상을 차지하였다.

여느 때처럼 주말 오후에 아이들과 함께 도서관 나들이를 하였다. 초가을 날씨가 정겹게 다가오고 언제나처럼 유럽의 하늘은 수채화 같았다. 적어도 비가 주룩주룩 자주 내리는 우기 아닌 우기의

네덜란드의 최초 녹색 도서관, 친환경도서관이라는 예쁜 이름표를 받은 스키담 공공도서관은 스키담의 '최고의 안 뜰'로 그 역할을 톡톡히 해내왔다.

네덜란드의 오래된 도시 중 하나인 스키담은 14세기 교회가 있고, 16세기 시청이 있으며, 13세기 성터가 있으며, 8세기 풍차가 있는 골동품 도시다.

계절이 시작되기 전까지. 스키담 도서관을 찾아가기 위해 운하를 건너고 대형 쇼핑몰을 지나치면서 자연보다 쇼핑몰에서 가을을 더 느낄 수 있기도 하다.

도서관을 찾아가는 일은 언제나 여행 같다. 이정표를 보고 때로는 사람들에게 물어보면서 길을 찾고, 가는 도중에 멋진 곳을 발견하면 머물러서 이야기도 나누고 사진도 찍으면서 그 시간을 즐긴다. 뒤돌아보면 도서관에 가는 그 여정이 더 아름답게 추억될 때가 있다. 일부러 아이들에게 이정표를 보거나 역 주변에 있는 대형 지도를 보고 목표 지점을 찾아가게 한다. 보물섬에 찾아가는 기분을 느끼게 하기 위함이다.

스키담에는 큰 풍차가 있다. 알아보니 스키담은 세계에서 가장 큰 풍차 다섯 개가 남아있는 도시였다. 마을에는 풍차 박물관과 진

박물관이 있다. 이 마을의 자랑거리이다. 네덜란드의 오래된 도시 중 하나인 스키담은 14세기 교회가 있고, 16세기 시청이 있으며, 13세기 성터가 있으며, 8세기 풍차가 있는 골동품 도시이다! 19세기에는 20여 개의 풍차가 있었으나 지금은 다섯 개가 남아있다고 한다. 스키담은 가장 전통적인 스타일의 풍차이면서 세계에서 가장 큰 풍차라는 기록을 가지고 있는 도시다.

도서관 건물은 전혀 도서관 같지 않다. 조심스럽게 성문을 두드리며 열듯이 도서관에 들어갔다. 들어서자마자 먼저 눈에 띄는 것은 높은 유리 지붕과 커다란 초록 나무들이 우거져 있는 작은 숲속 같은 공간이었다. 그리고 기다란 탁자와 그 위에 처음 보는 모양의

도서관에서 게임을 하고 있는 동네 어르신들.

도서관에 와인잔을 거꾸로 매달아서 샹들리에로 만든 것은 스키담이
양조산업의 메카였음을 시민들의 자부심을 담아 디자인한 것이다.

샹들리에가 있다. 이어 미로놀이를 할 수 있는 나무박스와 잔디 침대는 마치 실내 정원이나 실내 수목원에 온 것 같다.

잠시 도서관에 왔다는 것을 잊었다. 네모난 비밀 박스 속에 들어가 사방에 설치된 거울을 바라보며 거울놀이도 하고 가운데 심은 나무와 꾸며놓은 애벌레를 보며 마음껏 상상놀이를 하였다. 그러다 몸이 노곤해지면 잔디 침대에 누워 음악 감상을 하기도 하고, 와인잔을 거꾸로 매달아 놓은 것 같은 길고 커다란 샹들리에 아래에서 잡지도 펼쳐 보고, 책도 읽고, 신문도 보았다. 좀이 쑤시면 곳곳에 심어져 있는 허브를 보면서 여긴 도대체 어떤 곳이기에 이렇게 꾸며 놓았나 하고 궁금해 하기도 하였다.

대부분의 도서관에서 보이는 책장이 아니라 나무 박스 속에 담긴 책들을 보면서 독특한 디자인이라고 생각했다. 층층이 올라가면 어김없이 각 섹션별로 나무 박스 안에 있는 책들이 보인다. 창문 밖에는 또 다른 평온한 도시 풍경이 보인다. 물끄러미 바라보면 괜스레 마음이 풍요롭다가 갑자기 허전해진다.

왜 도서관에 와인잔을 거꾸로 매달아서 샹들리에로 만들었을까 싶다. 처음엔 독특한 인테리어라고 생각했으나 새삼 네덜란드인의 창의성과 위트를 느끼게 된다. 스키담은 양조산업의 메카였고 이 꼬른베어스 건물은 맥주, 진 사업의 거래소였기 때문에 뼛속까지 자리 잡고 있는 스키담 시민들의 자부심을 저렇게 디자인한 것이었다. 네덜란드는 '지속가능성'이란 모토를 그때부터 염두에 두고 실천해왔다. 네덜란드는 국가적으로 친환경 정책을 추진하는 나라다.

그중의 한 예를 들면 대기 오염을 방지하고 국민 보건 환경을 최상으로 끌어올리기 위한 여러 정책 중의 하나가 전기차 사용 권장이다. 수도인 암스테르담에는 전기차를 위한 전기 충전소가 650여 개나 있다. 2030년에는 휘발유와 경유를 넣는 차는 아예 시내에 진입을 못하도록 단계적인 계획을 세우고 진행하고 있는 중이다. '지속가능성'이란 화두는 도서관에서도 적용된다. 도서관 증축에 현지 재료를 어느 정도 사용했는지, 자원의 양을 최소화하기 위해 천연 에너지원을 어떻게 사용했는지에 대한 후대의 평가를 염두에 두고 건축을 한다.

사방에 설치된 거울을 바라보며 거울놀이도 하고 가운데 심은 나무와 꾸며놓은 애벌레를 보며 마음껏 상상놀이를 하였다. 그러다 몸이 노곤해지면 잔디 침대에 누워 음악 감상을 했다.

네덜란드 최초의 녹색 도서관이라고 불리는
스키담 도서관

재생 건축물에서 시작되는 도서관은 이미 지속가능성이란 과제를 실현했다. 건물의 역사를 눈치챌 수 있도록 와인잔 샹들리에를 설치함으로써 이 도시에서 대중적이면서 중요한 와인잔을 의미 있는 인테리어 디자인 작품으로 만들어 버렸다. 나무와 식물들로 둘러싸인 거대한 독서 테이블은 녹색 아트리움의 중심을 차지한다. 이에 걸맞추어 잔디 침대를 만들었고, 침대에는 두 대의 태블릿이 있다. 잔디 침대에 누워서 유리 천정을 바라보며 일광욕을 하면서 태블릿으로 음악을 들을 수 있도록 구조적으로 환경을 마련해 놓은 것이다. 주변에는 페트병을 재활용한 의자를 설치했다. 책장은 재

활용된 산업용 골판지이다. LED 조명 역시 센스 있는 선택이다.

뜰 안에는 150~350kg 무게의 약 4~6m의 거대한 나무를 심어 실내 정원을 조성했다. 이는 자이드꿉^{zuiidkoop}이 추진한 프로젝트로 네덜란드의 가로수^{bucida,tamarind,ficus} 중에서 선택한 것이다.

실제로 도서관 공사를 하면서 나무 배치에 어려움이 많았다. 이는 건물 앞부분이 침수되어 건물 앞면 바닥이 뒷면보다 80cm 높기 때문에 시공사에서는 구획을 작게 나누면서 이 문제를 해결하였다. 실내 정원을 포함한 도서관 온도는 기후시스템에 의해 조절이 된다. 과일과 채소는 도서관 정원에서 가장 햇볕이 잘 드는 곳에 심어 재배하고 있다.

도서관으로 건물 용도를 바꾸면서 접근성을 높이기 위해 엘리베이터를 설치하고 기존의 계단은 보수·보완하여 갱신하였다. 도서관을 이용하는 장애인들이 드나들 때 곤란하지 않도록 리프트와 두 층에 걸쳐 경사로를 설치했다. 그리고 도서관의 개념을 재정립하며 스키담 도서관만의 철학을 디자인과 건축에 심어 놓았다.

실내는 직사각형의 안 뜰이 특징이다. 그리고 주변은 보기만 해도 깨끗하고 시원한 초록 나무들이다. 회랑의 이미지를 구현해내었다. 회랑^{Corridor}은 과거 수도원에서 수도사들이 명상이나 사색을 하고 독서를 하는 공간이기도 하다.

회랑과 함께 완벽한 도서관의 이미지를 더욱 공고히 만든 것은 라틴어로 키케로의 명언을 소개한 벽이다.

"당신이 도서관에 정원까지 가지고 있으면 더 필요한 것이 없다.
Si hortum in bibliotheca habes, nihil deerit"

— Cicero

스키담 도서관은 이 명언에 대한 해석을 이렇게 했다(원래의 라틴어 문구에서 마지막 부분에서 위치 변화를 주어 스키담 도서관 이미지와 의미를 부각했다).

도서관 실내는 직사각형의 안뜰이 특징이다.

"Als je een tuin hebt in je bibliotheek , dan zal het ons aan niets ontbreken. Si hortum in bibliotheca habes, deerit nihil"
(도서관에 정원이 있으면 아무것도 부족하지 않습니다)

기가 막힌 위트이다. 도서관의 본연의 기능과 친환경의 이미지를 절묘하게 엮어 놓았다. 정원이 있는 도서관 안에서라면 모든 필요한 것을 얻게 된다는 강력한 메시지를 키케로의 명언을 통해 전달하고 있다.

도서관을 설계한 한라스Hanrath는 지역사회의 집단 지능을 촉진하는 곳이 바로 도서관이어야 한다고 보았다. 이를 위해 내부 정원을 기획한다. 독특한 만남의 장소로 새로운 것을 창출하는 곳, 회의와 토론과 협업을 통해 지식을 교환하고 지식의 양을 증대시키는 곳, 지식과 경험을 교환하고 이를 자극함으로 통찰력을 증진하는 곳, 다양한 형태의 상호작용을 함으로 공동의 창작생활이 가능한 곳, 무릇 도서관에 방문하면 새로 경험할 수 있는 것들이 있어야 하는 곳, 그래서 자신이 무엇인가를 만들어내고 자신을 표현할 수 있는 창조적인 공간으로서의 도서관을 지향한다. 친구나 낯선 사람과도 만나서 생각을 공유하고 나누는 즐거운 만남의 장소로서의 도서관인 것이다.

네덜란드의 여느 도서관과 같은 기본적인 구조와 서비스는 물론이다. 지역사회에 맞는 특화된 프로그램 마련되어 있다. 독서 테이블, 연구 장소, 광대한 장서, DVD와 블루레이. 여기에 직접 로스팅한 커피, 신선한 스무디와 파니니가 있는 카페, 이런 것들로 채워진

도서관이다.

  0-4세 영유아를 위한 북스타트 프로그램을 운영하고 무료 스토리텔링판을 대여해준다. 탁아소 놀이방 공간이 있으며 장난감 도서관 운영도 하고 있다. 4-12세 학령기 아이들을 위한 지역사회 학교와 연계한 독서 및 교육 프로그램이 있다. 이는 국가적인 접근이다. 도서관 학교The Library School를 전략적으로 운영한다. 언어와 어휘 개발을 위한 보조 프로그램 진행, 디지털 문해력을 증진시키기 위한 각

종 다양한 워크숍, 도서관에서도 정보기술과 미디어 교육을 제공하고 있다 13-18세 주니어들을 위한 프로그램과 성인과 노인들을 위한 언어와 독서 프로그램이 지금도 활발하게 진행되고 있다. 이용자들이 만족하는 프로그램이다.

　종종 어린이 배심원들의 투표를 통해 네덜란드어로 된 올해 최고의 책을 선정하는 이벤트를 기획한다. 그림책 만들기 프로그램, 책먹기 프로그램, 학교 작가 되기 프로젝트뿐 아니라 방학 기간에 선거나 토론 대회를 열고, 전시를 개최한다. 언어자원봉사자들을 훈련하여 인증해주는 절차가 있으며 전국적으로 이들이 도서관에서 봉사하는 경우가 허다하다. 이들은 동화 읽어주기, 책 만들기, 이민자들을 위한 네덜란드어 교육 등 일상 속에서 필요한 일들을 봉사하는 이들이다. 도서관 음악회와 파티는 이미 그들의 흥겨운 일상

도서관을 찾아가는 일은 언제나 여행 같다.
뒤돌아보면 도서관에 가는 그 여정이 더 아름답게 추억될 때가 있다.

이다.

　이곳에 자주 올 수 없지만 잠시 머무는 주말 오후를 가슴 설레는 시간으로 보낸다. 동네 마실 다니듯이 부담 없이 언제나 오가다 들려서 차 한 잔 하고 싶은 곳이다. 만나면 좋은 친구라고 흥얼거리며 가볍게 와인잔을 서로 부딪치며 담소를 나눌 수 있는, 복잡한 머릿속을 개운하게 만들어 주는 초록의 싱그러움을 느낄 수 있는 곳이다. 무료한 마음을 달래려 이 책, 저 책 기웃거리며 들추어 볼 수 있는 여유를 누릴 수 있는 곳이다. 뭔가 부족하다고 느끼는 정체모를 갈망을 해소할 수 있는 나만의 숨겨둔 안식처이자 해결책으로 삼을 수 있는, 팍팍한 삶을 살다가 위안이라는 초록 물방울 한 방울 적실 수 있는 동네 사랑방 같은 곳이 도서관이어서 좋다. 겉으로는 여

유있고 속은 여유가 없는 버거운 인생살이에서 그래도 풋풋한 색을 바라보니 뭔가 생기가 찾아드는 것 같다. 복잡한 세상에서 잠시 마음을 내려 놓고 다른 것에 집중하고 싶을 때, 손에 잡히는 아무 책이나 들고 마음놓고 읽다가 피톤치드향이 우러나올 것 같은 나무 냄새를 맡으면 다시 살아가는 힘을 얻는 것 같다.

그렇지! 정원이 있는 도서관에 있으니 그런가보다. 이는 갑자기 초록이 보고 싶어서 식물원에 가거나 풀밭 우거진 곳에 달려가서 얻게 되는 삶의 작은 환희이다. 그 옛날 키케로도 이런 초록의 비밀을 알았을까? 그렇다면 이 도서관의 정체는 비밀의 화원. 그 어느 날 어제처럼 오늘도 버거울 때 내게 말없이 '안녕'이라고 말 걸어줄 도서관에 발걸음을 내딛으련다. 와서 할 말이 많은 수많은 사람들

이 모여 있는 곳에서 나도 수다 떨며 귀 기울이며 그들의 인생 이야기를 독서하는 그곳으로 가리라.

  키케로의 말을 되새김질하면서 키케로가 친구 바로에게 보낸 편지에 쓰여있다는 그 명언을 패러디한 인생을 살고 싶다. 폼나는 서재와 정원을 가지면 더 바랄 것이 없다고. 현실은 도서관 드나들며 대리만족할지라도 그날이 하루씩 다가오는 것을 가슴 떨리며 기다리련다.

부록

모두가 좋아하는
책 여행지

library

01

동화가도

**우리의 동화가도 첫 여행지
라푼젤의 트렌델부르그**

거기 누구 없어요?
라푼젤! 어서 내려와. 왜 안 내려와
엄마! 나도 저 머리자락 붙들고 성에 올라갈래!

트렌델부르그Trendelburg 호텔 안에 있는 라푼젤 성城 앞에서 아이들이 진지하게 소리 질렀다. 특히 셋째 딸은 연신 "거기 누구 없어요?"

하며 진심 걱정되는 표정과 말투로 외쳤다. 첫째와 둘째 언니들은 라푼젤이 진짜 사람인지 인형인지 살피느라 바빴다. 아이들의 큰 목소리를 들으며 이제 나에게서 동심이 많이 새나 갔구나 싶었다. 아이들이 현실과 동화를 구분하지 못하고 생각나는 대로 날 것 그대로의 대화를 나누고 있을 때, 난 속으로 현실적인 답변을 해주고 있었다.

"저거 진짜 아니야. 보기만 해도 저 라푼젤은 인형이구만. 있긴 누가 있어. 아무도 없지. 여기 호텔 주인 머리 잘 썼다. 폐허가 되다시피 한 성을 라푼젤 성으로 만들고 말이지. 저 밧줄은 우리나라 전래동화에 나오는 호랑이가 매달린 썩은 밧줄일지도 몰라. 조심해!"

꾹 참고 아이들의 대화에 끼어들지 않았다. 좀 더 커서 동화 속의

트렌델부르그의 라푼젤 성에 늘어뜨려진 밧줄.

은유를 발견하고 반전 이야기까지 만들며 건전한 비판의식을 가지고 다시 대화를 나누더라도, 아무리 월트 디즈니가 만들어 놓은 동화적 판타지에 빠져 순진하게 내키는 대로 말하더라도, 지금 아이들 모습 그대로가 최고의 동화니까.

유럽에 와서 처음 떠난 여행길이 동화가도를 따라가는 길이었다. 첫 여행이 마침 동화가도여서 다행이라 여겼다. 아이들이 두고두고 라푼젤 성에서의 하룻밤을 이야기한다. "또 가고 싶다. 난 진짜 라푼젤인 줄 알았어" 이런 식으로 아이들이 기억을 끄집어내어 같은 추억을 가지고 있음에 뿌듯해한다.

동화가도의 보석 하멜른

지금 딸들과 함께 살고 있는 집은 1900년대 후반에 지어진 집이지만 당시 최신식 집이다. 주변이 목장이고 풀밭인 시골 촌구석이라 자연을 누리고 사는 이점이 많다. 대부분의 네덜란드 주택은 3층 구조이다. 우리집도 그렇다. 그런데 우리집은 옛날집이라 커다란 지하실이 있다. 거기엔 수시로 쥐가 다닌다. 그 쥐가 겁도 없이 안방에 나타났다. 파이프선을 따라 올라왔는지 조그마한 연한 핑크색의 쥐가 나타났다. 한밤중에 호들갑을 떨며 무섭고 징그러워서 잠을 못 자고 설친 기억이 난다. 다행이다. 이 일이 일어나기 5년 전 하멜른에 갔는데 당시 아이들에게 쥐는 여전히 미키마우스 같은 친근한 존재였다.

하멜른 시내에 있는 피리 부는 사나이 동상.

　해마다 100만 명의 여행자들은 하멜른이라는 이 작은 마을에 방문한다. 5월 중순부터 9월 중순까지 매주 일요일 정각 12시에 구시가지 한복판에 설치된 야외무대에서 무료 공연과 축제가 펼쳐진다. 마을 사람들이 준비하여 시작한 축제이지만 이제는 전문 연극인이 공연할 만큼 '피리 부는 사나이' 공연은 마을의 명물이자 자랑이고 상징이 되었다. 공연이 끝나면 소설 속 아이들이 피리 부는 사나이의 마술 피리 소리를 들으며 과거 아이들이 사라졌던 길로 행진한다. 예나지나 행진은 어깨에 흥이 들어가게 만들고 발걸음도 신나게 만드는 힘이 있다. 하지만 어린이가 끌려갔던 분게로젠 거리에서만큼은 예외다. 이곳에서는 춤과 음악을 금지하고 있으며 매년 6월 26일에는 당시의 비극을 추모하는 시간을 갖는다.

피리 부는 사나이는 실제 사건을 바탕으로 한 동화이다. 정확한 이유는 아직 밝혀지지 않았으나 1284년 6월 24일 130여 명의 어린이들이 홀연히 사라졌다. 1440년에서 1450년에 이르는 뤼네부르크 필사본에 1284년 6월 26일 성 요한과 성 바울의 날에 알록달록한 색상의 옷을 입은 피리 부는 사나이가 하멜른에 사는 어린이 130여 명을 유혹하여 코펜 근처에서 사라졌다는 기록이 남아 있다. 또한 중세에 골칫거리였던 흑사병 때문에 사라진 것이라는 어린이 십자군설이 난무 하기도 하지만 결론은 같다. 지금은 파괴되었지만 1592년 당시 하멜른 시에 있는 마르크트 교회 창문에 그려져 있었다는 피리 부는 사나이 그림과 구시가지에 남아있는 쥐 잡는 사람의 집에 남아 있는 슬픈 이야기를 근거로 하여 오늘날의 피리 부는 사나이가 탄생한 것이다. 1602년에 건축된 그 집은 지금은 하멜른 시청 소유의 식당으로 운영되고 있다고 한다.

당시 하멜른은 제분업이 발달된 도시로 곳곳에 빵집을 비롯한 밀가루 음식이 넘쳐났고 도시 안에 쥐가 엄청 많았다. 지금이야 중세시대의 모습을 간직한 도시들이 유명 관광지가 되어 특유의 낭만을 간직하고 있지만 실제 중세시대는 비위생적인 생활을 영위하고 있었기에 쥐가 페스트를 옮기는 역할을 많이 하여 각종 전염병에 시

달리던 때였다.

  아이들은 역사 뒤에 아로새겨진 아픔은 그저 그랬구나 라는 이야깃거리로 받아들이고 눈앞에서 펼쳐지는 동화 같은 모습에 마음을 던져버린다. 시내에 있는 피리 부는 사나이 동상과 기념품 가게, 쥐 캐릭터 상품 그리고 구수하고 달콤한 빵 냄새 가득한 빵집만 눈에 가득할 뿐이다. 곳곳에 피리 부는 사나이 공연을 알리는 포스터를 보면서 흥분한다. 누군가가 앞장서서 피리를 불면 당장이라도 신나게 노래 부르며 행진할 기세다.

꿈을 찾아 떠나간 브레멘 음악대

  절망의 끝에서 희망을 붙잡은 그들은 자칭 브레멘 음악대였다. 나이가 많아 쓸모가 없어졌기에 주인으로부터 곧 죽게 될 것을 알게 된 당나귀는 인생의 바닥에 도달했을 때에 가질 수 있는 용기를 가지고 떠나기로 결심한다. 하필 그때 들었던 소식이 한몫했다. 브레멘 음악대장이 단원을 모집한다는 것이다. 자신의 재능이 무엇인지 따져볼 겨를조차 없었던 것이다. 그저 죽음에서 벗어날 유일한 출구처럼 보이기에 만용에 가까운 행동을 취한다. 때마침 가는 길에 자신과 비슷한 처지에 있는 수탉과 개와 고양이를 만나 동행을 하게 된다. 일을 시작했기에 책임감이 따른 것인지도 모르나 주저하고 망설이는 수탉을 설득하기도 한다. 어디 수탉뿐이랴, 결함이 많고 쓸모가 사라진 개와 고양이와 수탉과 당나귀는 모두 한 때 유

롤랑 석상(좌)과 브레멘 음악대 동상(우)

행했던 용어인 '루저'가 아니었던가.

　죽음보다 나은 그 어떤 것을 찾기 위해 브레멘으로 떠난 그들은 아이러니하게 브레멘에 도착하지 않았다. 이미 브레멘에 도착하기 전에 꿈을 이루었기 때문이다. 브레멘 시청 앞에는 브레멘 음악대 동상이 있다. 비록 브레멘에 입성하지 못했지만 브레멘을 향하여 꿈을 가지고 달려왔던 당나귀, 개, 고양이, 수탉은 버젓이 시청 앞에서 또 다른 꿈을 가지고 달려오는 수많은 여행자들을 맞이하고 있다.

　브레멘은 자유의 도시다. 음악대 동상만큼 유명한 아주 큰 롤랑 Roland 석상은 1404년 한자동맹에 가입한 브레멘의 권리와 위상을 보여주는 상징물이다. 롤랑은 브르타뉴의 후작이자 샤를마뉴 대제의 열두 명 용사 중 한 명이기에 이 동상 앞에는 그를 기념하고 브레멘에서 이루어진 역사적인 일들을 상고하는 독일인이 많다. 1859년 11월 10일 시청 앞 광장과 롤랑 석상 앞에서 민주주의와 자유주의를 외치는 시민들이 모여 자유와 독일 통일을 요구한 의미 있는 사건이 있었기 때문이다. 당시 생존해있던 그림형제 역시 이곳에서 자유와 통일을 위해 앞장서기도 했다.

독일인의 심장 같은 곳 '숲' 그리고 뻐꾸기시계

어릴 적부터 통나무집의 자그마한 창문을 열고 뛰쳐나와 '뻐꾹' 하며 노래를 부르는 뻐꾸기가 참 신기했다. 어떻게 시간을 정확히 알고 매시 정각마다 나와서 시간수만큼 노래를 부르는지. 아이들도 그런 시절인가 보다. 세상에서 가장 큰 뻐꾸기시계를 본다는 것에 들떠있었다. 저녁 6시가 되기를 손꼽아 기다렸다. 그도 그럴 것이 세상에서 가장 큰 뻐꾸기가 사는 곳은 진짜 커다란 집이었기에 아이들은 오매불망 6시까지 기다리는 40여 분의 시간이 너무 길었던 것이다. 그래 봐야 고작 뻐꾸기가 들어갔다 나왔다 뻐꾹뻐꾹 여섯 번 외치는 것인데 그게 그렇게 재밌고 신기하다는 것이다. 내가 동심을 잃어버린 만큼의 세월보다 아이들이 기다리는 40여 분이 시간이 더 길었는지도 모른다. 6시가 지나도 그 여운이 가시지 않아 아이들은 뻐꾸기시계 집을 한참 맴돌았다.

독일 남서부 바덴뷔르템베르크 주에 약 12000km² 넓이의 아주 유명한 검은 숲^{Schwardzwald}이 있다. 검은 숲은 심어진 나무들이 울창하

세상에서 가장 큰 뻐꾸기시계가 있는 검은 숲 뻐꾸기 시계 마을

고 빽빽하여 하늘 위에서 바라보면 나무 숲의 색이 검은색으로 보인다 하여 붙여진 이름이다. 헨젤과 그레텔이 길을 잃고 헤맸다고 전해지는 숲의 배경인 곳이기도 하다.

검은 숲과 그 주변의 티티제 호수가 아름답다고 하여 무작정 가게 된 곳이다. 게다가 아이들이 너무 좋아할 만한 세상에서 가장 큰 뻐꾸기시계를 보고 뻐꾸기 소리를 직접 듣기 위해 떠난 곳이다. 거기에 가보니 알겠다. 독일인이 왜 숲을 좋아하고 사랑하고 아끼는지. 틈만 나면 숲속을 거닐고 자연에서 뒹구는 일이 소중한 일상인 그들에게 숲은 독일인 그 자체를 의미한다. 숲속 유치원이 활성화

세상에서 가장 큰 뻐꾸기시계

되어 있는 나라다. 숲에서 가까이할 것과 피해야 할 것을 온몸으로 배운다. 거기서 동물과 식물을 관찰하고 교감하며 함께 살아가는 법을 체득한다. 유럽여행의 낭만을 누리고자 사람들이 즐기는 캠핑은 사실 독일인들이 숲과 더불어 사는 삶에 따른 결과물이다. 여행의 즐거움을 더하기 위한 장치가 아니라.

신영복 선생님의 '더불어 숲'의 삶을 애초부터 살아온 민족이다. 숲은 그들에게 삶의 터전이자 의지의 대상이었다. 나폴레옹 시대에

프랑스가 독일의 숲을 대규모로 헤친 바람에 독일인의 자존심은 심히 망가졌다. 라인강과 함께 숲은 독일인에게 조국을 의미하고 영원히 사라지지 않는 것을 상징하면서 동경의 대상이기도 하다. 그래서 수많은 동화 속 주인공들이 주로 활동하는 무대가 숲이다.

카셀 그림형제 박물관

그림형제 박물관은 2005년에 그림동화가 유네스코 세계문화유산에 등재된 것을 기념하여 세워졌다. 원래는 카셀 시市와 그림형제 학회에서 공동으로 창설하여 아담한 벨뷔 궁전에 위치했고 새로 이전한 그림형제 박물관은 건물 그 자체가 근사한 예술품 같다. 박물관 옥상에서 바라보는 카셀 시내와 노을은 어느 유명 관광지 못지않은 풍광이었다. 옥상에 설치된 거울 정육면체에 비친 노을빛에 물든 구름이 선사해 주는 여운은 그림형제의 삶만큼 오래도록 지속되었다.

시월의 마지막 주에 찾아 간 그곳. 거기서 깊어진 가을색을 보았다. 단풍은 물들 대로 물들어 그 무게를 견디지 못하고 낙엽으로 새로 태어난다. 부재와 존재를 동시에 보여주는 마술이 눈앞에서 재현되고 있음이다. 박물관 주변은 노란색으로 칠해진 색도화지와 같았다. 낙엽을 긁어모아 하늘로 흩뿌리면서 아이들이 얼마나 좋아했는지 모른다. 박물관에 들어가기 전에 이미 그들은 자연 동화책 서너 권 읽고 난 후의 마음이었다.

막연히 그림형제가 수집한 동화 원본, 필사본, 각종 자료와 사진, 동화책과 그림형제와 관련된 역사적 유물 정도가 있을 줄 알았다. 그러나 로비에 들어서자마자 눈에 들어오는 전면 유리벽 밖의 카셀 시내 전경에 한동안 서 있게 되었다. 절로 그 아름다움을 찬미하게 되는 무아경에 그대로 멈추기를 바라는 마음만 가득할 뿐이었다. 그 감성 그대로 조심스레 전시장 곳곳을 돌아다녔다.

넓디넓은 전시 공간만큼 마음의 여유가 생기고 여유가 생긴 만큼 사유의 시간이 많아졌다. 대표적인 그림동화의 한 장면들을 테마공간으로 꾸며 놓았다. 어린아이부터 어른까지 충분히 보고 듣고 체험하여 움직이는 동화책으로 만들어 놓은 것이다. 이 부스 안에 들어서면 빨간 모자가 나타나고 저 부스 안에 들어서면 헨젤과 그레텔이 나온다. 커다란 메가폰 같은 곳에서 뭐라 말하면 동문서답하는 기계 때문에 이야기를 만들어 내는 또 하나의 재주를 배우게 된다. 그림형제의 인생을 여러 역사적인 자료를 고증해서 가감 없이 전해주고 세계문화유산으로 등록된 희귀 자료들을 전시한 정성을 보며 그들이 얼마나 그림형제를 자랑스럽게 여기는지 얼추 짐작이 가고도 남는다. 아이들의 만족도가 높은 박물관이었다. 교감할 수 있고 공감할 수 있고 체험할 수 있었기 때문이다.

사랑하는 딸들아
난 너희들이 참 좋다. 낙엽을 보면 낙엽이 멋있다고 말하고, 배고프면 배고프다고 말하고, 피곤하면 피곤하다고 말하고, 기분 나쁘면 기분 나쁘다고 거침없이 말하는 너희들이 좋다. 그 어린아이의

시월의 마지막 주, 그림형제 박물관에 가면 주변에 노랗게 물든 낙엽들을 볼 수 있다.

모습을 잃지도 잊지도 않았으면 좋겠다. 엄마에게 있어 최대의 동화책은 니희니까.

현실이 어렵고 복잡할수록 동화 같은 세상에 대한 판타지를 품게 되나 보다. 어린이일 때는 누구나 가졌던 동심이 어른이 되면서 조금씩 허물어지면서 아름다운 원형을 향한 막연한 회귀성 소망을 품게 된다. 그것도 전혀 동화스럽지 않은 퍽퍽한 인생을 살게 되면 더 그러는 것 같다.

동화가도는 네 딸들과 함께 언젠가 한 번 꼭 가고 싶은 여행길이다. 메르헨가도 Marchenstrasse라고 불리는 동화가도는 하나우에서 출발하여 슈타이나우, 마르부르크, 카셀, 괴팅겐, 하멜른, 브레멘까지 이르는 총 600km 길이의 60여 개 도시와 마을 지칭한다. 동화가도에 속한 모든 도시를 가보지 않았지만 이미 아이들과 엄마 사이에는

그림형제 박물관 밖 풍경.

그림형제 박물관 옥상.

동화가도를 백 번 여행한 것과 다름없다.

　첫째 딸은 벌써 동화가 그리 따뜻한 내용만 있지 않다는 것을 안 것 같다. 그림형제가 동화를 처음에 수집할 때만 해도 잔인한 내용도 많고 무서운 장면도 있다는 것을 알아차렸다. 사실 그림동화는 잔인한 묘사는 없다. 단지 어떤 사실을 서술했다는 것이 특징이다. 폭력적인 묘사를 하지 않고 사실을 전했다는 것은 선악과 상벌에 대한 것을 그대로 전해주고자 했던 의미가 더 크다. 아이들이 조금씩 더 실망을 할지도 모르겠다. 곧 둘째도 셋째도 차례차례 동화에 대한 상상력이 깨지면서 피식 웃어버릴 지도 모른다.

　그래도 괜찮아. 너희가 성장한다는 것이니까. 그러면서 너희들 마음 가운데 또 다른 동화가 만들어질 거야. 지금 너희들이 경험했던 순간들이 떠오르면서 세상 어디에도 없는 네 인생이 채색된 진짜 동화 말이야. 그렇게 동화는 너희들의 과거와 현실과 미래를 오가면서 다시 태어난단다. 추억과 대화하면서 커가는 성장 동화 책이 새로 만들어질 거란다. 동화보다 동화 같은 나날에 대한 열망이 너희들을 동화 속 주인공으로 만들어 줄 것이란다.

여행은 실망하기 위해 떠나기도 해. 또 낙망했을 때 떠난 여행에서 오히려 새로운 꿈을 꾸기도 하지. 너희들은 어떠한 꿈을 꾸고 어떤 꿈을 접었는지 물어보고 싶구나. 너희들의 동화가도는 어떠할지 무척 궁금하거든. 그러다가 언젠가 너희들이 엄마 아빠 나이가 되었을 때 엄마 아빠에 대한 마음이 어떠할지도 정말 궁금해. 과거 엄마 아빠와 함께 했던 추억을 따라가는 향수 여행을 떠난다 해도 그 시간이 애틋하고 행복하고 즐거운 시간으로만 채워지지 않을 거야. 피곤하고 지치고 힘들 수도 있지.

약속 하나만 해줄래? 혹시 먼 훗날 너희들이 그런 여행을 떠난다면 추억만 떠올리는 것에 마음을 두지 말고 어렸을 때처럼 하늘도 바라보고 꽃도 바라보고 거침없이 너희들이 외쳤던 말을 외쳐봐.

"엄마 이 꽃 너무 이뻐."
"와! 여기 정말 좋아. 다음에 또 와!"
"여기서 계속 놀고 싶어!"

인생은 그렇게 지금 너희에게 주어진 모든 것을 즐기면서 누리면

박물관에는 동화의 한 장면을 연출해 놓은 것들이 더러 있다.

서 좋은 것을 품고 사는 거야. 힘들수록. 아플수록. 메마를수록. 눈물이 너희 눈에서 가득 흐를수록. 그럼에도 동화나라 주인공처럼 매일 인생길을 떠나는 거야. 그것이 동화나라 주인공으로 살아가는 비결이란다. 오늘도 엄마는 너희들과 함께 했던 순간을 영원한 것으로 만들고 싶어 기억하고 기록한단다.

일본으로부터 독립하고자 애쓰던 시절에 우리 민족들을 향해 간절히 소원을 외치던 백범 김구 선생님은 아마 자식 같은 또는 부모

같은 민족들에 대한 가슴 아픈 기억마저도 추억일 것이다. 그 추억을 영원한 것으로 만드시고 싶으셨나 보다. 우리만의 비망록을 만들고 당당하게 우리끼리 만들어가는 추억을 만드시려고 하신 분이다. 독립국가에서 함께 노래 부르시고 싶으신 거다. 함께 만들어가는 추억. 그것을 문화라고 부른다면 김구 선생님은 우리만의 아름다운 문화를 만들어 가고 싶으셨던 것이다.

나는 우리나라가 세계에서 가장 아름다운 나라가 되기를 원한다. 가장 부강한 나라가 되기를 원하는 것은 아니다. 내가 남의 침략을 받아 가슴 아팠으니, 내 나라가 남의 침략하는 것을 바라지 않는다. 우리 생활을 풍족하게 할 만큼의 넉넉함과 남의 침략을 막을 수 있을 만큼의 힘이면 족하다.

오직 힘없이 가지고 싶은 것은 높은 문화의 힘이다. 문화의 힘은 우리 자신을 행복하게 하고 나아가서 남에게도 행복을 주기 때문이다. 우리나라가 남의 것을 모방하는 나라가 되지 말고 이러한 높고 새로운 문화의 근원이 되고 모범이 되기를 원한다. 그래서 진정한 세계의 평화가 우리나라에서 우리나라로 말미암아 세계에 실현되기를 원한다.

— 백범 김구, 《나의 소원》 중에서

오늘 아이들과 내가 만드는 순간들이 모여 우리 가족의 문화가 이루어지는 것이다. 그게 범위를 넓히면 한 나라의 문화가 되는 것이다. 이 크지도 작지도 않은 도시에서 펼쳐지는 문화가 얼마나 아름다운지. 그 문화의 향기가 얼마나 멀리 갔으면 그 향을 맡으러 여러 나라에서 수많은 사람들이 올까. 경제가 어려워지고 사는 것이 힘들어지지만 그 쇠락해져 가는 마을들을 지켜가려고 책마을도 만들고 동화마을도 만들어간다. 이들은 작은 전통과 문화를 더 크게 정교하게 만들어 갔다.

독일에는 두 가지의 성이 있다. 하나는 왕이나 귀족들이 지내기 위해 평지에 지은 슐로스Schloss다. 진짜 아이들이 궁전이라고 생각하는 성이다. 또 하나는 절벽이나 산꼭대기에 세워 적을 방어하기 위해 만들어진 부르크Burg가 있다. 주로 15세기에 대포가 발명되기 전에 지어진 것이 많다. 그런데 조총 기술이 도입되면서 서서히 부르크는 쇠락하기 시작하여 본연의 기능을 잃어버리게 되었다. 애물단지처럼 변한 성Burg은 보수 유지비용이 커서 버려진 것이 많았고 이를 안타까이 여겨 호텔로 이용하는 경우들이 많다. 유럽 여러 국가에서는 실제 호텔이나 박물관으로 활용하기도 한다. 한 예로 스페인에서는 그러한 성을 국가가 직접 운영하는 국영호텔파라도르; Parador이 여러 개 있다. 단지 오래된 성을 재건축하여 새로이 활용하는 것에만 의미가 있지 않다. 독일인에게 있어 고성들은 낙후되고 쓰러지고 기억 속에 사라져 가는 고물이 아니라 과거 역사 속에서 적들과 맞서 용맹스럽게 싸웠던 기사에 대한 향수를 불러일으키는 상징물이었던 것이다. 마치 우리나라 행주산성과 같은. 역사에 현실과 의미를 섞어서 새로이 스토리텔링 하여 오늘날의 동화 속 아름다운 성으로 재창조해 낸 것이다. 물론 지방자치제가 잘 이루어지는 나라이기에 각 도시마다의 특색을 강화하는 문화가 더 잘 정착된 면

도 있기는 하다. 하지만 그들은 문화의 힘을 알고 있었던 것 같다. 사람을 살려내고 사람이 사람답게 살아가게 만드는 것이라는 것을.

   문화강국이 선진국임을 많이 느낀다. 문화와 역사에 대한 자부심은 평범한 그들의 일상 속에서도 고스란히 나타난다. 그렇다고 쓰레기를 품고 사는 것은 더더욱 아니다. 사소해 보이지만 그들에게 소중한 자료는 무엇이든 남기는 것이다. 그들의 대화도 그렇다. 시시하지만 그들에겐 소소한 이야깃거리를 정말 진지하게 이야기한다. 비록 유럽 열강들이 다른 약소국을 식민지 삼으려고 전쟁을 일으켰을지라도 그들은 문화의 소중함을 알았다. 실제로 함부로 폭격

라푼젤성을 돌아다니는 아이들

하지 않은 선례들이 있다. 문화유산의 가치를 알기에 그러했던 것이다. 어찌 보면 오류이고 비논리적이지만 여기서는 잠시 접어두고 아이들에게 전한다.

너희들이 맨 처음 갔던 트렌델부르그에 무슨 라푼젤이 살았겠니? 이미 존재하던 것에 이야기를 만들어 낸 것이란다. 잠자는 숲속의 공주의 마을이라는 자바부르크에는 아예 공주가 살지도 않은 15세기에 만들어진 옛 성이었단다. 버려진 성을 호텔로 재활용한 셈이란다. 우리 민족에게도 이런 문화의 소중함을 역설하던 지도자의 외침이 큰소리로 반향 되어 돌아오기에 다시금 힘주어 이야기하는 거란다.
우리나라가가 진정 높은 문화의 힘을 가진 나라로 성숙했으면 좋겠다. 유행처럼 밀려드는 문화에 대한 증폭된 관심이 아니라 한 사회를 이끌어가는 지속적이고 미래지향적인 관심과 열정과 노력이 수반되는 그러한 관심. 뜻있는 사람들이 있으니 우리나라도 그렇게 될 거야.

아이들이 그런 문화적인 나라에서 성장해가기를 바란다. 우리만의 고유한 문화에 대한 자부심이 다른 나라 문화에 대한 존중까지 이어져 더불어 숲 같이 커져가는 성숙하고 행복한 세상에 살아가기를 바란다. 진정 높은 문화의 나라에서 행복한 사람으로 살아가기를 소원한다.

02
미피박물관

딕 부르너를 추모하는 미피박물관

아이들의 눈물은 늘 보는 이의 마음을 아련하게 만든다. 아이들은 대개 분명하고 단순한 이유로 운다. 그래서 가슴속 깊이 파고드는 연민이 공감으로 솟구친다. 특히나 무표정하게 눈물만 뚝뚝 흘리고 있을 때는 어떻게 달래주고 위로해 주어야 할지 난감하다.

무표정해 보이던 미피가 눈물을 흘리고 있다. 미피를 태어나게 하신 딕 브루너 할아버지가 다른 세상으로 떠났기 때문이다. 2017년 2월 16일 신문 첫 면에 딕 브루너 작고 소식이 기사로 나오고 눈

재개관 이전 미피박물관에 있던 황금색의 미피동상

물을 흘리는 미피가 여기저기 돌아다니고 있다. 미피박물관 앞 미피 동상에는 딕 브루너 할아버지를 추모하는 꽃다발이 가득 쌓였다. 슬픔을 이겨내고 더 건강하게 웃을 수 있는 미피를 기대해본다. 여든아홉 살의 딕 브루너 할아버지를 추모한다.

딕 브루너 하위스 Dick Bruna Huis 에서 나인쩌뮤제움 Nijntje Museum 으로

"미~피~ 귀여운 내 친구~"
 미피 만화영화나 미피 뮤지컬을 보면 어김없이 이 노래가 흘러나오고 아이들은 주저 없이 이 노래를 따라 한다. 귀여운 꼬마 친구 미피가 태어난 지 벌써 60년이 지났다. 2015년 미피 탄생 60주년을

재개관 이전의 미피 박물관(좌)과 새단장 한 미피 박물관(우)

맞이한 암스테르담 박물관 광장에는 세계 여러 나라 의상을 입은 대형 미피 캐릭터 전시가 이루어졌다.

우트레흐트Utrecht에 있는 딕 브루너 하위스(한국에는 미피박물관으로 알려져 있다)는 2014년 7월부터 대대적인 리모델링 공사를 시작하여 새단장을 마치고 새로운 모습으로 아이들을 맞이했다.

미피는 꼬마 토끼 인형이다. 네덜란드에서는 미피라고 말하면 못 알아듣고 '나인쩌'nijntje라고 해야 알아듣는다. 어린 아이들이 토끼konijn를 애칭으로 나인쩌nijntje라고 부르지만 세계적으로는 미피로 알려졌다.

미피는 1955년에 네덜란드의 유명 그래픽 아티스트이자 일러스트레이터이며 그림책 작가인 딕 브루너에 의해 태어났다. 딕 브루너 할아버지의 고향이 네덜란드 우트레흐트Utrecht여서 미피의 고향도 이곳인 셈이다. 우트레흐트의 중앙박물관Centraal Museum 맞은편에

파란 옷을 입은 미피가 방문객들을 맞이하고 있다.

위치한 자그마한 박물관이었던 딕 브루너 하우스는 미피박물관이라는 새 이름으로 확장되어 재개관하였다.

미피와 함께 하는 영유아들의 책놀이터에서 다중지능을 키워가다

몇 년 전 처음 방문했을 때와 다시 재개관하여 방문한 미피 박물관에서의 느낌은 아주 큰 차이가 있다. 명칭도 딕 브루너 하우스였기에 이전 박물관에서는 작가인 딕 브루너에 대한 설명과 전시물이 있고 그의 그림책들이 다양하게 진열되어 있었다. 그림책의 내용을 이해하기 좋도록 입체적인 무대를 마련하여 꾸며 놓은 작은 박물관이었다. 미피가 살고 있는 집을 앙증맞게 만들어 놓았고 그림을 그리거나 미피 인형을 가지고 놀 수 있는 작은 공간들이 있었다. 벽면에는 모니터를 통해 미피 만화영화가 상영되고 군데군데 미피 그림책을 소개하고 있던 아기자기한 박물관이었다. 그래도 그때는 그 동화책 같은 아담하고 앙증맞은 곳이 얼마나 사랑스러웠는지 모른다. 세상에 이런 곳이 있구나 싶을 정도로.

한국에서 미피 뮤지컬과 미피 체험관에서 경험했던 것들을 모아 놓은 듯한 전시장이었다. 그런데 몇 년 후 새로 탄생한 미피박물관은 전혀 느낌이 달랐다. 미피를 총체적으로 이해하고 체험하는 거대한 실내놀이터로 변신하여 영유아들의 최적의 교육공간으로 성장하여 아이들에게 더욱 가까이 다가선 것이다.

거의 두 배에 가까운 면적으로 확장되어 다양하게 마련한 아이들의 체험 공간은 이 동네 꼬마 아이들을 모두 불러 모으기에 충분히 매력적인 박물관이었다. 우리나라에서 흔히 떠올리는 박물관의 이미지에 역동성을 심어놓은 것이다. 보고 듣는 전시 성격의 박물관에 그치는 것이 아니라 감각적인 자료 전시부터 차별성이 두드러진다.

딕 브루너가 그림책에 담은 철학을 고스란히 책 놀이터에 스며들게 하였다. 아이들에게 감각적인 놀이 경험을 하게하고 단순한 패턴을 통해 기본적 개념을 학습하게 한다. 선명하고 따뜻한 색감과 친숙한 사물과 자연의 이미지로 꾸며진 공간에서 아이들은 자연스럽게 자신과 사회와 그리고 세상에 대해 탐색할 수 있게 된다. 첫 눈

미피가 살고 있는 집을 앙증맞게 만들어 놓았고, 그림을 그리거나 미피 인형을 가지고 놀 수 있는 작은 공간들이 있다.

에 이 박물관은 예사롭지 않게 만들어 놓았음을 알 수 있다. 일단 아이들에게 매우 신나는 곳이다. 게다가 미국의 교육심리학자 하워드 가드너 H.Gardner 의 다중지능 이론 Multiple intelligence theory 에 기반을 두고 영유아들에게 최적의 교육과 놀이 경험을 할 수 있는 꿈의 놀이공간으로 만들어 놓은 것으로 보인다.

  박물관 입구에 마련된 사물함에 다양한 미피 캐릭터를 그려놓은 것을 보는 순간부터 이곳을 방문한 부모와 아이들에게 설렘을 안겨준다. 옆에 마련된 놀이터에서는 소꿉놀이, 정원놀이, 책 읽기 등의

활동을 할 수 있는 공간이 있다. 이곳에서 아이들이 얼마나 오랫동안 집중해서 노는지 모른다. 부모들은 함께 책을 읽어주거나 노는 것을 지켜보거나 사진 찍어주기에 바쁘다. 이전 박물관 입구에 있었던 황금 미피 대신에 파란 옷을 입은 미피가 방문객들을 맞이한다. 그 안에 들어서면 딕 브루너 할아버지의 모습과 천장에 매달린 미피 그림책이 있다. 세계 각국의 언어로 발간된 미피 그림책들이 머리 위에서 춤을 추면 아이들도 덩달아 신난다. 우리 아이들도 한글로 된 미피 그림책을 찾느라 신나했다.

세계 각국의 언어로 발간된 미피 그림책들이 천장에 매달려 있다.

미피와 친구들 캐릭터가 사방에서 웃고 있고 다양한 직업을 상징하는 옷을 입은 미피들이 그림으로 때로는 입체적인 인형으로 존재한다. 아이들은 여기서 역할 놀이를 할 수 있고, 정적인 공간에서는 퍼즐을 즐기거나 색깔 대칭 놀이를 할 수 있다. 유치원의 구조화된 학습 공간에서 자연스럽게 놀이를 통하여 감각 수업과 인지 수업을 하던 교육을 박물관에서 신나는 놀이로 재경험하는 것이다.

한 층을 올라가면 손인형^{hand puppet}을 가지고 인형극장 무대에서 마음껏 상상이야기를 꾸며내어 공연할 수 있다. 그 옆에는 레일 위를

 달리는 꼬마 자동차를 타고 다니며 교통규칙들을 배울 수 있다. 한쪽 구석에서는 아이 스스로 혹은 부모와 함께 이미지와 글자카드를 가지고 놀면서 문자를 익힌다. 기차가 다니는 기찻길과 건널목이 설치된 공간에서는 작은 자동차로 신나게 붕붕거리며 다닌다. 아니면 옆에 마련된 옷을 입고 교통경찰 역할을 하면 된다.

 온몸을 불사르도록 움직여서 땀이 나면 그 옆방으로 가서 미피가 즐겨 찾던 나무 아래서 쉬면 될 것이다. 다시 재충전을 한 후 옆방에 가면 미피와 동물들이 반겨주는 숲속 놀이터에서 마음껏 놀 수 있

다. 작은 미끄럼틀과 동물들이 숨어있는 터널 속에 들어갔다 나오면서 아이들은 그림책 속에서 보던 숲속 친구들과 친구가 되어 논다. 옆방에는 영유아들을 위한 아뜰리에가 있다. 거기서 그림도 그리고 만들기도 해서 벽에 혹은 창가에 자기가 완성한 미술공작품을 전시하며 뿌듯해하는 아이들이 수두룩하다. 미술활동이 싫은 아이들은 한쪽 끝에 마련된 무대에서 춤을 추거나 노래를 부를 수 있다.

그림책을 보면서 혹은 부모님께서 읽어주시는 그림책을 보며 아이들은 언어지능linguistic intelligence을, 여러 가지 탈 것들과 실내놀이기구를 통해 움직이며 신체운동 지능 bodily-kinesthetic intelligence 을, 소꿉놀이와 역할놀이나 인형극장 놀이를 통해 대인관계 지능 interpersonal intelligence 을, 거울보기나 그림 그리기와 공작활동을 통해 자기이해 지능 intrapersonal intelligence 을, 퍼즐과 도형 맞추기와 이야기 순서 맞추기 활동을 통해 논리수학 지능 logical-mathematical intelligence 을, 여러 가지 상황을 세팅해 놓은 공간과 무대에서 공간지능 spatial intelligence 을, 일상생활과 주변에서 흔히 접하는 자연을 형상화한 공간에서 자연탐구 지능 natural intelligence 을 아주 자연스럽게 습득해가거나 체득할 수 있게 된다.

어려운 교육학 이론을 이렇게 친숙하고 친근한 미피와 그림책을 매개로 박물관에서는 자연스럽게 놀이와 학습을 결합시켜 놓았다. 아주 어린아이부터 박물관은 즐거운 곳, 또 가고 싶은 곳이라는 것을 저절로 받아들이게 만드는 교육적 배려이다.

딕 브루너 할아버지에게서 듣는 이야기

미피를 세상에 등장시켜주신 딕 브루너 할아버지의 영상물을 보기도 하고 미피의 성장 앨범도 구경하고 어떻게 미피가 태어났는지를 알 수 있는 탄생 스토리도 살펴보고 조그마한 책상에서 그림을 그리기도 했다. 미피가 사는 종이집도 만들면서 정말 아늑한 동화 같은 공간을 발견한 후에 아이들은 좋아했다. 어쩜 이렇게 동화 속 풍경이 그대로 펼쳐질까 하고 내심 놀랍다. 벽지마저도 그림책 같다. 아마도 네덜란드 와서 처음 맛본 신선한 충격이 아니었나 싶다

딕 브루너 할아버지의 사진과 동상.

(물론 이후로는 이렇게 아담하고 예쁘고 환상적인 동화적 풍경을 많이 보게 되어 좀 무디어졌지만). 적절한 조명, 단순함이 선사해주는 무한 상상 공간, 여기서 미피 그림책의 비밀을 엿볼 수 있었다.

딕 브루너 할아버지는 어릴 때부터 많은 명화를 보며 성장하셨대. 특히 마티즈, 레제, 몬드리안의 영향을 많이 받아 미피가 탄생됐 다는구나. 적어도 너희들은 몬드리안 작품에서 미피를 연상할 수 있을 것 같다. 원색사용, 기하학적인 선을 사용하여 그린 그림들 여기에 마티즈의 꼴라주 기법과 레제의 선과 색을 분리하는 기법 을 응용하여 미피가 태어난 것이란다. 단순함. 분명한 선. 최소한의 글. 이야기의 흐름과 장면에서 의도적으로 사용된 색깔들. 예를 들어 미피가 친구들과 있을 때 미피가 돋보이게 빨간 옷을 입고 있다든지, 미피가 집에 있거나 친구들에게 다가갈 때 편안함과 안락함을 느끼게 해주는 노란 옷을 입고 있다든지 말이야.

정말 할아버지의 손자 손녀 사랑의 눈길이 듬뿍 담긴 사랑의 그림책 같지? 그래서 미피는 세계 여러 나라의 어린이들에게 사랑받는 캐릭터가 되었나 봐. 너희들도 미피 공책, 그림책, 책상, 연필, 가방, 컵, 간식 접시, 옷, 신발 등 가지고 있는 것들이 많지? 이 나라엔 미피 그림이 그려진 과자, 나막신, 실내화까지 있더라.

아이들에게 미피의 탄생 스토리를 설명해 주었다. 딕 브루너 할아버지는 단순하고 반복되는 형태를 통해서 아이들에게 쉽게 다가가고 집중하게 하고 충분한 배경을 남겨두어 상상력을 자극하는 어린이 눈 맞춤 그림책을 많이 그렸다. 아이들이 좋아하고 아이들에게 친숙한 색깔들, 예를 들면 빨강, 노랑, 파랑, 초록, 갈색, 검정, 회색 등 이렇게만 사용하여 절제된 아름다움을 느끼게 했다.

50개 이상의 각국의 언어로 번역되어 책이 출간되고 미피 영화와 만화가 세계 공영방송에 방송되고 어린이들에게 꿈과 희망을 심어준 공로가 인정되어 딕 브루너 할아버지는 네덜란드 정부로부터 '오랑주나소 기사단' 작위를 받는 영광도 얻게 되었다.

처음 시도는 참 단순하고 평범한 일상에서 시작됐다. 원래 하고 있던 일, 그래픽 디자인을 하고 포스터나 책 표지 그림을 그리다가 문득 이 그림들을 가지고 책 한 권을 만들면 좋겠다 싶어서 그림책

을 만들게 되었다고 한다. 그 단순하고 명쾌하고 따뜻한 이야기에 감동을 받고 열광한 수많은 어린아이들의 이야기꾼 할아버지로 등극한 배경에는 바로 작은 시작으로 출발했다.

　세계사엔 이런 단순하고 평범한 일상의 연장에서 시작된 위대한 이야기들이 많다. 그래서 일상이 너무 소중하다. 일상이 모여 위대한 역사가 이루어진다. 날마다 소소하게 마주하는 사건과 사람들이 얼마나 보배스러운 비밀을 감추고 우리 앞에 나타났다 사라지는가. 그 비밀을 굳이 미처 깨닫지 못했더라도 하루하루 자신이 가지고 있는 능력과 관심사를 성실하게 펼치다보면 자신도 모르는 사이에 큰일을 이루어가는 것이다. 지루하지만 평범하고 무심한 일상은 특별함 속에 꼭꼭 감추고 있는 봉인된 보석상자. 아이들은 오늘 어떤 일상을 그려낼까?

03

디킨스 축제

꿈꾸는 책들의 도시 데이븐떠의 크리스마스마켓과 디킨스 축제

영국이 사랑하는 작가 찰스 디킨스! 비단 영국만 그를 사랑한 것은 아니다. 그의 작품에 울고 웃던 많은 사람들은 그를 기억하며 세계 곳곳에서 축제를 연다. 디킨스와 그의 작품을 아끼고 사랑하던 네덜란드인들은 문학 팬클럽을 만들고 이들이 움직이기 시작했다.

매년 12월 중순이면 네덜란드의 과거 상업도시로 부유했던 작은 중세마을인 데이븐떠Deventer에서 디킨스 축제가 열린다. 크리스마스 마켓도 함께 이루어지는 아주 흥미로운 축제이다. 마을 입구에

매년 12월 중순이면 네덜란드의 과거 상업도시로 부유했던 작은 중세마을인 데이븐떠에서 디킨스 축제가 열린다.

들어서면 축제를 알리는 커다란 현수막이 걸려있고 곳곳마다 안내 표시가 있다. 해마다 15만 명이 방문하는 거대한 유럽의 축제 중 하나이다. 1990년에 시작되어 2016년에 스물여섯 번째를 맞이한 이 축제의 장에 들어서면 가장 먼저 끊임없이 몰려드는 방문객 때문에 놀라기도 하지만 발걸음조차 마음대로 조절할 수 없게 되어 더 당황스럽다. 그렇지만 곧 즐거운 함성으로 변한다. 자기도 모르게 어느새인가 그들과 어우러져 축제 속에 깊이 빨려 들어가 흥겨워하며 즐기게 된다. (2020년 제30회 축제는 코로나19로 인하여 축제를 열지 못했다.)

디킨스의 소설 속 인물들 무려 950여 명이 거리로 튀어나와 방문객에게 말을 걸기도 하고 때론 장난도 치고, 구걸도 한다. 소설 속 장면들이 하나둘씩 재현되어 눈 앞에서 연극을 보는듯한 착각을 하

디킨스의 소설 속 인물들 무려 950여 명이 거리로 튀어나와 방문객에게 말을 걸기도 하고 때론 장난도 치고, 구걸도 한다.

세 된다. 모두가 타임캡슐을 열고 빅토리아 여왕 시대의 영국과 19세기 런던 속을 거니는 특별하고 신나는 여행을 한다.

사랑하는 딸들아!
디킨스는 셰익스피어와 함께 영국을 대표하는 문학가란다. 그가 얼마나 대단한지 짐작을 못하겠지? 런던의 웨스트민스터 사원에 그의 묘가 있을 정도로 위대한 작가였단다. 검소하게 장례를 치루라는 그의 유언에도 불구하고 엘리자베스 여왕이 그를 아끼는 마음으로 묘소까지 바꾸었단다. 데이븐떠 시민들 모두 옛복장을 입고 나와 거리를 온통 축제장으로 만든다. 무엇이 그토록 영국인에게 또 네덜란드인에게 더 나아가 전 세계적으로 사랑받는 작가가 되게 하였을까?

너희가 본 수많은 사람들의 모습은 그의 소설 속 등장인물들이었단다. 크리스마스 캐럴에 나오는 스쿠루지 영감, 말리 유령, 올리버 트위스트, 수많은 거지와 부랑아들, 굴뚝을 청소하는 어린이들, 부유한 상인들, 평범한 시민들, 서커스 하는 사람들, 희한한 자전거를 타고 다니는 사람들, 멋쟁이 노신사 부부, 빨래하는 것마저 다큐멘터리 보는 기분을 느끼게 하는 모습이었지. 또한 풀밭에서 풀 뜯고 있어야 할 양들이 갑자기 길거리로 뛰어오고, 광대들이 묘기를 부리기도 하고, 무서운 말리 유령이 갑자기 나타나 너희들을 놀라게 하기도 했지. 19세기 복장을 입고 영국인 분장을 한 네덜란드 사람들을 보는 재미도 솔솔 했지? 너희들이 너무 신기해하던 살아있는 동상들 living statues, 때로는 신기한 동작과 모습 때문에 마술을 부리는 것인지 묘기를 부리는 것인지 혼동이 오기도 했었잖니.

소설 속 장면들이 하나둘씩 재현되어
눈 앞에서 연극을 보는듯한 착각을 하게 된다.

《픽윅 문서》,《위대한 유산》,《올리버 트위스트》,《데이비드 코퍼필드》,《크리스마스 캐럴》,《두 도시 이야기》,《황폐한 집》 등 모두 너희들이 읽어야 할 고전들이다. 첫째 네가《위대한 유산》을 여러 번 읽으면서도 흥미진진해하니 기특하게 생각한다.

디킨스 소설 속의 한 장면 한 장면을 마을 사람들이 재현해 낼 때 얼마나 신나고 신기했니? 움직이는 동화책이자 살아있는 소설책들이었지? 때론 올리버 트위스트 같은 아이들이 지나가며 구걸하기도 하고 어디 파티장에 가는 귀족들의 행진도 보았지.

동네가 하나의 테마파크 같았지? 게다가 라이브로 듣는 크리스마스 캐럴. 삼삼오오 아니면 성가대를 이루어 그 옛날 악보를 꺼내 들고 골목골목마다 모여서 크리스마스 캐럴을 불렀지? 마치 너희들은 영화의 한 장면 속에 들어간 기분이었을 거야. 다른 곳 구경하러 가자고 해도 그 캐럴 소리에 마음을 다 주어 움직이지 않고 듣던 모습이 눈에 선하구나. 소설 크리스마스 캐럴 덕에 크리스마스의 의미가 되살아났다고도 말하는 사람들이 있을 정도이니 하나의 문학이 가져오는 파장이 얼마나 큰지 알겠구나.

너희들이 그 추운 겨울에 전혀 추위를 느끼지 못하고 지금까지 이처럼 축제에 푹 빠진 적이 별로 없어 보였단다. 길게 늘어선 줄에 서서 기다리면서도 내내 기대감과 흥분으로 추위를 잊었고 줄 서서 마을 안으로 들어가면서부터는 신기한 눈망울로 가득 했던 모습을 잊을 수가 없구나.

크리스마스 마켓에 빠지지 않는 풍성한 먹거리들, 크리스마스 장식품들도 정말 근사하다. 영롱한 기분마저 들게 하는 크리스마스 마켓은 그야말로 너희들이 흥분해 마지않던 축제였다. 크리스마스 마켓에서 물건을 파는 사람들도 먹거리를 만들어 파는 사람들 모두 19세기의 복장과 풍경 그대로였단다. 하나하나 구경하면서 크리스마스를 기다리고 즐기는 그 마음이 귀하다.

사랑하는 딸들아!

한 작가가 그 시대에 그 나라 사람들에게 사랑받는다는 것은 정말 대단한 일이란다. 그런데 세월이 흘러도 여전히 사랑받고 그 나라

뿐 아니라 전 세계적으로 사랑받는다는 것은 가히 상상치 못할 만한 위대함이란다. 그의 뛰어난 필력 때문이었을까? 아니면 흥미진진한 이야기 때문에 그토록 그의 작품에 빠져들었을까? 엄마는 디킨스의 작품을 보면 그 옛날 우리 조상들이 펼치던 가면극과 탈춤이 생각난단다. 풍자와 해학으로 양반사회의 부정과 비리를 웃음과 울음으로 서민들의 서러움과 한을 연출하던 마당극. 면면히 이어져 온 그 문학과 예술의 향음을 취하고 싶구나.

디킨스를 가난한 자들의 친구라고도 부른다. 디킨스는 어렸을 때 집안에 큰 빚이 있어 일찍부터 돈을 벌었단다. 공장에서 일하고, 잡지사에서 일하고, 속기사로도 일하고 여러 과정을 거쳐 신문에 연재한 픽윅문서가 큰 인기를 얻게 되면서 작가로서의 절대적 존재감을 보여준다.

그의 자전적 소설《데이비드 코퍼필드》를 디킨스는 제일 아낀다고 한다. 아마도 그렇겠지 않겠니? 당시 영국 빅토리아 시대는 부조리와 위선이 가득했었단다. 산업혁명이 일어났지만 가난이 런던을 감싸고 있었고, 빈곤계층과 소외계층이 시민의 대부분을 차지하고 있었단다. 어린아이조차도 탄광과 공장에서 일하고 굴뚝을 청소하고 어린이도 감옥에 가고 어린이 사망자가 아주 많았던 암울한 시대였지. 그 시기에 그가 겪었던 모든 일들이 고스란히 소설 속에 녹여내었단다. 왜곡도 과장도 없이 있는 그대로.

훗날 비평가들은 소설 속 인물이 실존인물인지 아닌지 퍼즐놀이도 하고 그 당시 배경이 어디인지 추적하는 탐정놀이도 했다. 묘사되었던 수많은 사건 속에 당시 시대 상황을 연구하는 역사가로

도 활약했었지. 역사는 그렇게 배우기도 한다. 소설을 통해서, 당시의 문화를 통해서.

더함도 뺌도 없이 왕족의 역사만 휘황찬란하게 서술되어 있던 사회에서 가난한 시민들이 주인공이 된 소설이 발표된 것은 하나의 혁명과도 같은 것이었지. 그의 소설은 사회적 반향을 불러 시민사회로의 변화를 꾀하기까지 했단다. 이는 사람들 마음속에 자정과 자성 작용이 동시에 일어났기 때문이겠지. 올리버 트위스트는, 스쿠루지는, 데이비드 코퍼필드는 먼 나라 이웃나라의 사람이 아니라 바로 나 자신과 내 어미와 내 아비라는 것을 본능적으로 알아차린 것이지. 즉 공감이다. 문자를 통한 감정과 자각의 소통이 이루어진 것이란다.

여전히 디킨스는 영국인들 마음속에
런던 시민의 가슴 속에
세계인들의 품 속에 살아 속삭이고 있나 보다.

2013년이었던가? 디킨스 탄생 200주년을 맞이하여 세계적으로 수많은 행사와 축제가 있었다고 한다. 낭독회, 뮤지컬, 연극, 영화, 드라마 등. 지금도 런던에 뮤지컬에서 두 도시 이야기는 공연이 되고 있지. 여전히 디킨스는 영국인들 마음속에 런던 시민의 가슴속에 세계인들의 품 속에 살아 속삭이고 있나 보다.

우리도 귀를 기울이며 이 디킨스 축제를 즐거이 즐기자. 우리의 모든 움직임은 미래의 행복을 위하여 하루하루 일상의 행복을 놓치지 않아야 할 것이다. 그 행복을 위하여 나가는 발걸음은 매일매일이 무겁고 힘들고 아플지라도.

04

에프텔링 동화의 숲

안톤 픽의 수채화를 그대로 옮겨 놓은 동화의 숲

동화 중에는 유독 숲에서 펼쳐지는 이야기들이 많다. 잠자는 숲속의 공주, 헨젤과 그레텔, 백설공주와 일곱 난쟁이, 빨간 모자 등. 그런 동화 속의 주인공들은 한결 같이 숲에서 사나 보다. 그래서였을까? 네덜란드에서 가장 오래된 테마파크이자 유럽에서 제일 먼저 생긴 가족 공원 에프텔링Efteling에는 동화의 숲Sprookjesbos이 있다. 에프텔링의 랜드마크이자 자랑거리인 동화의 숲은 참 아름다운 숲이다. 그 숲속에서 만나는 수많은 동화들을 듣고 있노라면 우리 자신이

과자로 만든 집을 구경하는 아이들

꿈과 환상의 나라를 거닐고 있음을 확인케 해주는 고마운 곳이다.

신데렐라, 용 이야기The Dragon, 늑대와 일곱 마리 아기 염소, 헨젤과 그레텔, 엄지 소년The Tom Thumb, 잠자는 숲속의 공주, 인도의 수련, 벌 거벗은 임금님, 성냥팔이 소녀, 개구리 왕자, 인어공주, 라푼젤, 빨간 모자, 빨간 구두, 말하는 동화나무 등등 그림형제와 안데르센의 동화뿐 아니라 각 나라의 대표적인 설화나 구전동화를 동화의 숲에서는 들을 수 있다.

커다란 나무 앞에 서면 저절로 아이들은 집중을 한다. 커다란 입을 실룩거리며 아이들에게 말을 거는 나무 할아버지의 목소리에 아이들은 환호하며 열심히 대답한다. 그렇게 시작되는 동화의 숲 산책길에서 만나는 동화나 옛 이야기, 설화, 구전동화들은 모두 서른

말하는 나무 앞에 서면 저절로 아이들은 집중을 한다.
커다란 입을 실룩거리며 아이들에게 말을 거는
나무 할아버지의 목소리에
아이들은 환호하며 열심히 대답한다.

가지 이야기가 있다.

  얼마나 실감 나고 정교하게 만들었는지 흡사 동화세상이 존재한다면 이런 형태일 것이라는 것을 절로 짐작하게 된다. 상상이 현실로 펼쳐진 것이 아닌 눈에 보이는 현실이 동화 그 자체이다. 동화책에서나 만화영화에서 보아왔던 과자로 만든 집이 실제 크기로 우뚝 서 있다. 그 집의 자그마한 창문을 통해 보이는 집 안의 풍경은 옹기종기 인형들이 사는 곳이 아니라 진짜 사람들이 어여쁜 옷을 입고 지내는 가정집처럼 보인다.

  동화책을 읽다가 마음에 드는 장면에 꽂아 둔 책갈피 속의 한 장면이 고스란히 눈앞에 펼쳐진다. 그림형제와 안데르센의 동화, 네덜란드 및 세계 여러 나라들의 이야기들이 어린이들의 눈높이에서

실제 크기처럼 느끼도록 집과 인형의 크기를 조절하여 동화의 주요 장면을 정지시켜 재현하고 있다.

일명 '동화의 숲Sprookjesbos' 구역이 진짜 숲이라 더욱 실감이 난다. 왜 동화의 배경이 숲이었는지 하나하나 펼쳐지는 동화의 세계에 돌아다니다 보면 얼핏 이해할 수 있다. 꿈을 찾아가는 곳도 꿈을 잃어버리는 곳도 모험을 하는 곳도 방황을 하는 곳이 모두 숲이라는 사실을. 현실에서 꿈으로 오가는 공간도 숲이고 자신의 소망이나 야망이 펼쳐지거나 방해받는 곳도 숲이다. 숲은 인간 사회의 또 다른 세계이자 갈등과 욕망이 분출되는 곳이기도 하다. 수많은 자연과 생명이 함께 어우러져 있는 공간이자 자연의 질서와 섭리가 펼쳐지는 신비스러운 배경이다. 그래서 숲을 배경으로 한 동화는 지극히

안톤 픽 박물관에 있는 안톤 픽의 서재

당연한 설정이며 그것을 이야기로 끌어내는데 무한한 매력을 품고 있다. 숲은 친숙한 이미지를 가지고 있으며 시간에 따라 변화무쌍한 매력도 가지고 있다.

만일 아이들이 봄, 여름, 가을, 겨울 각각의 계절에 동화의 숲에 온다면 그때마다 마주 대하는 동화와 더불어 성장할 것이 틀림없다. 그 숲에서 듣고 보고 느끼는 수많은 동화 속 주인공들이 슬며시 귓가에 속삭이며 아이에게 필요한 메시지를 전해줄 것 같다. 마치 인문 고전이 시대와 사람을 달리하여 재해석되고 재탄생되듯이.

네덜란드에서 가장 오래되고 가장 넓다는 에프텔링 공원은 언제부터 존재했을까? 1933년 노르트 브라반트 주^{Noord-Brabant}의 두 명의 로마 가톨릭 성직자가 지역사회 어린이들을 위해 만든 작은 가족공

원이었다. 수도원에 방문한 부모들을 따라온 아이들이 지낼 수 있는 공간을 만들어 주기 시작한 것이 그 유래다. 유럽 곳곳에 전해지는 이야기들과 동화들을 아이들에게 들려주기 시작하면서 인형극도 하게 되고 산책길을 아기자기하게 꾸며 놓은 것이 시초가 되어 차츰 발전하게 되었다. 처음에는 소규모 놀이공간이었고 여가활동과 스포츠 활동을 위한 작은 운동장에서 시작되었다. 이어 규모가 커지면서 1950년에 안톤 픽과 피터 레인더스가 이 공원을 디자인하게 되면서 동화 테마파크로의 면모를 갖추기 시작한다. 공식적으로 1952년에 지금과 같은 모습의 에프텔링이 생겨났다.

720km²의 어마어마한 면적 속에 네 가지 테마로 꾸며진 공원이다. 동화의 나라, 야생의 나라, 여행의 나라, 대안의 나라 이렇게 네 가지 테마로 꾸며져 있고 세 개의 커다란 호수와 정원과 숲으로 이루어진 자연친화적인 공원이다. 안톤 픽 마을이라 불리는 동화의 숲의 한 부분과 곳곳에 안톤 픽의 대형 그림들이 전시되어 있어 진정한 동화마을의 향기가 넘쳐나는 곳이다.

안톤 픽은 20세기의 네덜란드를 대표하는 화가이자 국민들에게 사랑받은 일러스트레이터이다. 우리나라에는 액자에 담는 입체 그림인 쉐도우빅스에 넣는 그림을 그린 회기로 더 알려져 있다. 17~8세기 유럽에서 한동안 귀족부인들의 고급 취미였던 데코파쥬의 일종이 쉐도우 박스로 이어진 것이다. 안톤 픽의 그림은 하나같이 맑고 순수한 동심이 가득한 그림들이다. 판화 작품 역시 무한한 상상의 세계를 나타낸다. 안톤 픽의 그림들을 보고 있노라면 아름답고 영롱한 과거 동심으로의 추억이 시나브로 되살아난다. 어른이 되어서 잊고 지내던 또는 잃어버렸던 동심을 어렴풋이 떠올리게 만드는 마법사 같은 화가이다. 그의 그림과 그림책을 보면 한결 같이 동심으로 돌아간 자신의 모습을 마주할 수 있다.

맑은 수채화로 담아낸 서정적이고도 그윽한 네덜란드의 풍경들, 풍습들, 사람들의 표정들, 그 안에 소소한 일상이지만 소중한 순간들이 담겨 있는 그림을 바라보고 있노라면 풋풋한 어린아이 마음이

안톤 픽 박물관

스멀스멀 기어 나온다. 읽어버린 시간을 찾아가는 여행이 가능해지는 곳이 있다. 바로 네덜란드의 작고 예쁜 마을 하뗌Hattem에는 있는 안톤 픽 박물관이다. 파란 대문이 있는 동화 같은 집, 우물이 있고 벤치가 있고 초록이 드리워진 커다란 나무가 있고 담장 밖에는 그림 같은 풍차가 돌아가는 소담스러운 아뜰리에가 있는 박물관이다.

안톤 픽은 덴 헬더Den Helder에서 쌍둥이로 태어났다. 둘 다 그림에 재능이 있었고 헤이그Den Haag에서 미술교육을 받았다. 네덜란드 회화의 중심을 차지한 곳인 헤이그에서 그림 교육도 받고 수상도 하고 오랫동안 미술교수로도 임직 했었다. 하지만 출생지도 아닌 하뗌에 그의 미술관이 있다. 안톤 픽은 이곳에서 전시회를 몇 번 했고 아이젤 강IJssel을 끼고 있는 이 도시의 아름다움에 매료되어서 이곳에서 아뜰리에를 마련하고 자품 활동을 많이 했었다. 이 바물관도 그가 직접 디자인했다. 그리고 무엇보다 네덜란드에서 제일 오래된 테마파크인 에프텔링Efteling도 그가 디자인했다. 그 안에 안톤 픽 마을이 있다. 어쩌면 그의 그림을 입체적으로 현실 공간에서 감상할 수 있는 곳이 바로 에프텔링일 것이다.

동심과 동화의 힘

사랑하는 딸들아! 여기도 또 가고 싶을 만큼 아늑하면서도 화려하고 재밌고 신나는 곳이지? 가을 단풍이 정말 아름다웠던 동화의 숲은 정말 예뻤지? 그래서 사람들이 동화를 참 좋아하나 봐.

사람들은 따뜻한 이야기를 좋아한다. 우리의 몸은 우리 체온보다 높거나 낮으면 움찔하는 것이 지극히 당연한 반사작용이다. 그래서 우리의 체온과 비슷하면 우리 몸이 긴장을 풀고 편안한 마음을 가지게 되듯이 따뜻한 이야기에 마음이 열리고 공감도 하게 된다. 딱딱한 이야기는 차가워서 경직되고 뜨거운 이야기에는 화상을 입듯 상처를 받기도 한다.

동화는 그래서 사랑받나 보다. 아무리 차가운 세상의 뜨거운 이야기라도 동화로 풀어내면 우리는 책을 대하는 동안 저절로 몸과 마음이 훈훈해진다. 사실 동화의 내용을 깊게 살펴보면 슬프고 힘들고 가엾고 안타까운 사연이 얼마나 많은가. 더 나아가 동화의 유래나 배경 사실까지 알게 되면 아름다운 동화가 아니라 잔혹동화였다는 것을 나중에 깨달을지라도. 아이들이 즐겨 읽었던 안데르센 동화도 아이들을 위한 동화가 아니라 어른들을 위한 동화였다. 엄마인 나도 어른들에게 오히려 더 필요한 것이 동화라고 느끼고 있다.

너희들처럼 어렸을 때 읽은 동화와 너희들에게 읽어주면서 다시 읽는 동화는 너무 다르더라. 어릴 때는 동화책을 보면 미지의 세계에 대한 동경과 환상을 가지게 되고 때로는 꿈도 꾸며 행복했었지. 종종 슬픈 이야기에 가슴이 아팠지만 곧 권선징악으로 연결되는 결론에 이르면 내심 뿌듯해하던 기억도 난다. 그런데 점점 세상에 대해 알아갈수록 다른 면도 많이 있다는 것을 알게 되는 것 같아. 순진함은 점점 사라지고 그 안에서 순수함을 견지해가려는

빌버둥도 힘께 쳐기면서. 동화에는 왜 그토록 권선징악적 결론이 많을까? 세상이 녹록치 않아서 사람들은 동화에서만큼은 현실에서 이루어지지 못한 권선징악의 결론으로 대리만족을 하고 싶었던 것은 아니었을까? 예를 들어 우리나라 고대소설인 〈박씨전〉만 해도 그렇지. 현실에서는 병자호란으로 인해 패배자의 나라에서 사는 서러움이었지만 소설 속에서는 박씨 부인의 용맹 때문에 대리 흥분을 하며 설움을 삼키고 사는 것이 일상이었을 테니까.

아름다움을 아름답다고 말하기 위해 추함을 경험해야 하는 역설적인 인생살이에서 동화 속에 펼쳐지는 포근한 이야기는 삭막한 세상에서 아픔을 가진 이들에게 위로를 주고 희망을 주는 역할을 한다. 그래서 어렸을 때는 신나게 흥분하며 읽었던 동화책이 아이들

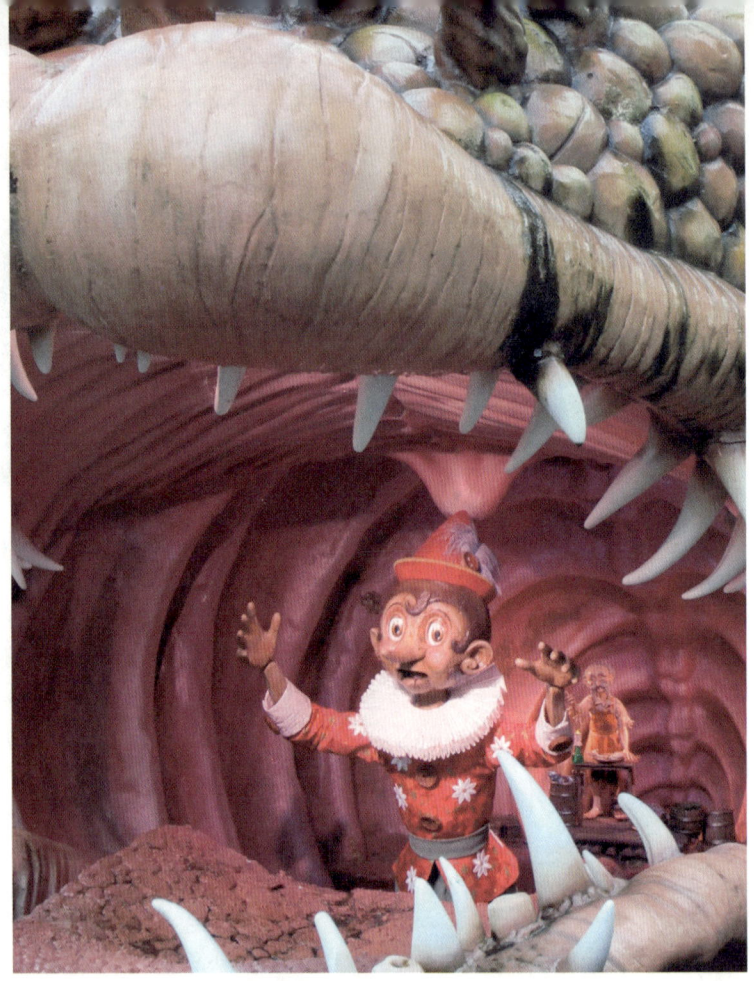

에게 읽어줄 때는 뭉클함을 넘어서 마음속에서 무엇인가가 솟아나와 눈물을 흘리게 되는 자기정화의 기능까지 감당하는 동화책이 되었다. 그래서 동화책은 어린이를 위한 인문학이고 변치 않는 고전이 되는 이유임을 알 수 있다.

권정생 작가의 《강아지똥》을 아이들에게 읽어주다가 함께 울컥했던 가슴 찌릿한 경험이 있다. 그 경험 때문에 다시 한 번 동화의 힘을 느끼게 되었다. 동화 속에는 인생의 기본적인 질문을 하게 만드는 이야기가 숨어있다. 숨은 그림 찾기 하듯 동화 속에서 인생의 교훈을 찾기도 하고 때때로 경고장 같은 날카로운 지적도 받기도 한다. 향수를 느끼게 해주면서도 잊지 말아야 할 가르침이 대대로 이어져 온 가치를 몸에 새겨 넣기도 한다. 간혹 사회에서 중요하게 여기는 규범을 익히기도 하고 자연스럽게 용해된 그 당시의 문화와 사상을 이해할 수 있는 통로가 되기도 한다. 오랫동안 입에서 입으로 전해져 오는 구전동화와 민담과 신화와 전설 등 여러 형태로 발전되어 온 민속적인 이야기들의 가치는 살면서 더욱 느끼게 될 것이다. 어떤 이는 힘주어서 말하기도 한다. 동화는 세상을 구원하는 힘이라고.

사랑하는 딸들아!
너희들의 삶 하나하나가 지금 구연되고 있는 동화일 것이다. 너희들이 이 동화의 숲에서 보고 만지고 들었던 수많은 동화들이 너희들에게 메시지를 전해줄 것이다. 지금은 신기하고 그저 행복한 신데렐라를 부러워하는 꿈쟁이 정도에 그칠지도 모른다. 하지만 너희에게 각인된 인상과 새겨진 감동은 너희들의 인생 주기에서 만나는 생의 순간순간마다 새롭게 너희들에게 말을 걸 것이다. 그때마다 지금의 소중한 추억이 너희들에게 큰 힘이 될 거야. 함께 누비고 다녔던 이 숲속에서의 추억이 살면서 어려움과 힘듦이 닥쳐올 때마다 행복했던 기억만으로도 헤쳐나갈 수 있는 용기를 줄 거야. 그때 우린 또 동화세상을 새롭게 만들어가는 거야!

참고한 문헌들

노미경 지음, 《공간은 어떻게 삶을 바꾸는가》, 클라우드나인, 2015.
롤랑 바르트 지음, 김희영 옮김, 《사랑의 단상》, 동문선, 2004.
승효상 지음, 《건축, 사유의 기호》, 돌베개, 2004.
에릭 클라이넨버스 지음, 서종민 옮김, 《도시는 어떻게 삶을 바꾸는가》, 웅진지식하우스, 2019.
윌리엄 로이스 지음, 조 블룸 그림, 이진경 옮김, 《모리스 레스모어의 환상적인 날아다니는 책》, 상상의힘, 2012.
유현준 지음, 《어디서 살 것인가》, 을유문화사, 2018, 45-160쪽.
조재현 지음, 《공간에게 말을 걸다》, 멘토프레스, 2009.
츠베탕 토도로프 지음, 《일상 예찬》, 뿌리와이파리, 2003.
피에로 페르치 지음, 윤소영 옮김, 《아름다움은 힘이 세다》, 웅진지식하우스, 2009.

그림형제 박물관 https://www.grimmwelt.de/
네덜란드 도서관 소식지 https://bibliotheekblad.nl
동화가도 https://www.deutsche-maerchenstrasse.com/
디오케이(DOK)도서관 https://www.dok.info/
디킨스 축제 https://dickensfestijn.nl/
렐리스타트 도서관 https://www.flevomeerbibliotheek.nl/
로테르담 중앙 도서관 https://www.bibliotheek.rotterdam.nl/
레이우아르던 도서관 https://www.dbieb.nl

미피박물관 https://nijntjemuseum.nl/
북마운틴 도서관 https://www.deboekenberg.nl/
뷔르츠부르크 시립도서관 https://www.wuerzburg.de
슈트트가르트 공공도서관 http://www1.stuttgart.de/stadtbibliothek/
스쿨7 도서관 https://www.kopgroepbibliotheken.nl/school-7
스키담 도서관 https://www.debibliotheekschiedam.nl/
안톤픽 박물관 https://www.antonpieckmuseum.nl/
알메러 신 공공도서관 https://www.denieuwebibliotheek.nl/
에임란트 도서관 https://www.bibliotheekeemland.nl/
에프텔링 https://www.efteling.com/
오스카 니마이어 도서관(르아브르 공립도서관) http://lireauhavre.fr/
초콜렛도서관 https://chocoladefabriekgouda.nl
코다 도서관 https://www.coda-apeldoorn.nl/
쾰른 시립도서관 https://www.stadt-koeln.de/leben-in-koeln/stadtbibliothek/
파리 루도데크 어린이 도서관 https://www.paris.fr/equipements/bibliotheque-de-la-maison-paris-nature-6620
퐁피두센터 도서관 https://www.centrepompidou.fr/fr/
헤이르휘호바르트 도서관 https://www.bibliotheekkennemerwaard.nl/
호른 도서관 https://www.bibliotheekhoorn.nl/

그 도서관은 감동이었어
일상에서 만난 예술 같은 유럽의 도서관 이야기

1판 1쇄 인쇄 | 2021년 9월 13일
1판 2쇄 발행 | 2022년 6월 15일

지은이 | 신경미
발행인 | 정윤희
편집 | 윤재연
디자인 | 김미영
일러스트(표지 및 본문) | 션
발 행 처 | 카모마일북스
        (카모마일북스는 책문화네트워크의 단행본 브랜드입니다.)
출판등록번호 | 제2016-000373호
주소 | 서울시 강남구 역삼로 114, 8층 829호(역삼동, 현죽빌딩)
전화 | 02-313-3063
팩스 | 02-3443-3064
이메일 | prnkorea1@naver.com
홈페이지 | prnkorea.kr

ISBN 978-89-98204-90-7 04920
ISBN 978-89-98204-89-1 04920(세트)
값 20,000원

● 이 책은 저작권법에 보호받는 저작물이므로 무단 전제와 복제를 금합니다.
● 잘못된 책은 교환해 드립니다.